I.

Gesetz,

betreffend

den Forstdiebstahl.

Vom 15. April 1878.

I.

Gesetz,

betreffend

den Forstdiebstahl.

Vom 15. April 1878.

Wir Wilhelm, von Gottes Gnaden König von Preußen ꝛc. verordnen, unter Zustimmung der beiden Häuser des Landtages Unserer Monarchie, für den ganzen Umfang derselben, was folgt:

§. 1.

Forstdiebstahl im Sinne dieses Gesetzes ist der in einem Forst oder auf einem anderen hauptsächlich zur Holznutzung bestimmten Grundstücke verübte Diebstahl:

1) an Holz, welches noch nicht vom Stamme oder vom Boden getrennt ist;
2) an Holz, welches durch Zufall abgebrochen oder umgeworfen, und mit dessen Zurichtung noch nicht der Anfang gemacht worden ist;
3) an Spänen, Abraum oder Borke, sofern dieselben noch nicht in einer umschlossenen Holzablage sich befinden, oder noch nicht geworben oder eingesammelt sind;
4) an anderen Walderzeugnissen, insbesondere Holzpflanzen, Gras, Haide, Plaggen, Moos, Laub, Streuwerk, Nadelholzzapfen, Waldsämereien, Baumsaft und Harz, sofern dieselben noch nicht geworben oder eingesammelt sind.

Das unbefugte Sammeln von Kräutern, Beeren und Pilzen unterliegt forstpolizeilichen Bestimmungen.

§. 2.

Der Forstdiebstahl wird mit einer Geldstrafe bestraft, welche dem fünffachen Werthe des Entwendeten gleichkommt und niemals unter einer Mark betragen darf.

§. 3.

Die Strafe soll gleich dem zehnfachen Werthe des Entwendeten und niemals unter zwei Mark sein:

1) wenn der Forstdiebstahl an einem Sonn- oder Festtage oder in der Zeit von Sonnenuntergang bis Sonnenaufgang begangen ist;
2) wenn der Thäter Mittel angewendet hat, um sich unkenntlich zu machen;
3) wenn der Thäter dem Bestohlenen oder der mit dem Forstschutz betrauten Person seinen Namen oder Wohnort anzugeben sich geweigert hat, oder falsche Angaben über seinen oder seiner Gehülfen Namen oder Wohnort gemacht, oder auf Anrufen des Bestohlenen oder der mit dem Forstschutz betrauten Person, stehen zu bleiben, die Flucht ergriffen oder fortgesetzt hat;
4) wenn der Thäter in den Fällen Nr. 1—3 §. 1 zur Begehung des Forstdiebstahls sich eines schneidenden Werkzeuges, insbesondere der Säge, der Scheere oder des Messers bedient hat;
5) wenn der Thäter die Ausantwortung der zum Forstdiebstahl bestimmten Werkzeuge verweigert;
6) wenn zum Zwecke des Forstdiebstahls ein bespanntes Fuhrwerk, ein Kahn oder Lastthier mitgebracht ist;
7) wenn der Gegenstand der Entwendung in Holzpflanzen besteht;
8) wenn Kien, Harz, Saft, Wurzeln, Rinde oder die Haupt- (Mittel-) Triebe von stehenden Bäumen entwendet sind;
9) wenn der Forstdiebstahl in einer Schonung, in einem Pflanzgarten oder Saatkampe begangen ist.

§. 4.

Der Versuch des Forstdiebstahls und die Theilnahme (Mitthäterschaft, Anstiftung, Beihülfe) an einem Forstdiebstahl oder an einem Versuche desselben werden mit der vollen Strafe des Forstdiebstahls bestraft.

§. 5.

Wer sich in Beziehung auf einen Forstdiebstahl der Begünstigung oder der Hehlerei schuldig macht, wird mit einer Geldstrafe bestraft, welche dem fünffachen Werthe des Entwendeten gleichkommt und niemals unter einer Mark betragen darf.

Die Bestimmungen des §. 257 Abs. 2 und 3 des Reichs-Strafgesetzbuchs finden Anwendung.

§. 6.

Neben der Geldstrafe kann auf Gefängnißstrafe bis zu sechs Monaten erkannt werden:

1) wenn der Forstdiebstahl von drei oder mehr Personen in gemeinschaftlicher Ausführung begangen ist;
2) wenn der Forstdiebstahl zum Zwecke der Veräußerung des Entwendeten oder daraus hergestellter Gegenstände begangen ist;
3) wenn die Hehlerei gewerbs- oder gewohnheitsmäßig betrieben worden ist.

§. 7.

Wer, nachdem er wegen Forstdiebstahls oder Versuchs eines solchen, oder wegen Theilnahme (§. 4), Begünstigung oder Hehlerei in Beziehung auf einen Forstdiebstahl von einem Preußischen Gerichte rechtskräftig verurtheilt worden ist, innerhalb der nächsten zwei Jahre abermals eine dieser Handlungen begeht, befindet sich im Rückfalle und wird mit einer Geldstrafe bestraft, welche dem zehnfachen Werthe des Entwendeten gleichkommt und niemals unter zwei Mark betragen darf.

§. 8.

Neben der Geldstrafe ist auf Gefängniß bis zu zwei Jahren zu erkennen, wenn der Thäter sich im dritten oder ferneren Rückfalle befindet. Beträgt die Geldstrafe weniger als zehn Mark, so kann statt der Gefängnißstrafe auf eine Zusatzstrafe bis zu einhundert Mark erkannt werden.

§. 9.

In allen Fällen ist neben der Strafe die Verpflichtung des Schuldigen zum Ersatze des Werthes des Entwendeten an den Bestohlenen auszusprechen. Der Ersatz des außer dem Werthe des Entwendeten verursachten Schadens kann nur im Wege des Civilprozesses geltend gemacht werden.

Der Werth des Entwendeten wird sowohl hinsichtlich der Geldstrafe als hinsichtlich des Ersatzes, wenn die Entwendung in einem Königlichen Forste verübt worden, nach der für das betreffende Forstrevier bestehenden Forsttaxe, in anderen Fällen nach den örtlichen Preisen abgeschätzt.

§. 10.

Die im §. 57 des Strafgesetzbuchs bei der Verurtheilung von Personen, welche zur Zeit der Begehung der That das zwölfte, aber nicht das achtzehnte Lebensjahr vollendet hatten, vorgesehene Strafermäßigung findet bei Zuwiderhandlungen gegen dieses Gesetz keine Anwendung.

§. 11.

Für die Geldstrafe, den Werthersatz und die Kosten, zu denen Personen verurtheilt worden, welche unter der Gewalt, der Aufsicht oder im Dienst eines Anderen stehen und zu dessen Hausgenossenschaft gehören, ist letzterer im Falle des Unvermögens der Verurtheilten für haftbar zu erklären, und zwar unabhängig von der etwaigen Strafe, zu welcher er selbst auf Grund dieses Gesetzes oder des §. 361 Nr. 9 des Strafgesetzbuchs verurtheilt wird.

Wird festgestellt, daß die That nicht mit seinem Wissen verübt ist, oder daß er sie nicht verhindern konnte, so wird die Haftbarkeit nicht ausgesprochen.

§. 12.

Hat der Thäter noch nicht das zwölfte Lebensjahr vollendet, so wird derjenige, welcher in Gemäßheit des §. 11 haftet, zur Zahlung der Geldstrafe, des Werthersatzes und der Kosten als unmittelbar haftbar verurtheilt.

Dasselbe gilt, wenn der Thäter zwar das zwölfte, aber noch nicht das achtzehnte Lebensjahr vollendet hatte und wegen Mangels der zur Erkenntniß der Strafbarkeit seiner That erforderlichen Einsicht freizusprechen ist, oder wenn derselbe wegen eines seine freie Willensbestimmung ausschließenden Zustandes straffrei bleibt.

§. 13.

An die Stelle einer Geldstrafe, welche wegen Unvermögens

des Verurtheilten und des für haftbar Erklärten nicht beigetrieben werden kann, tritt Gefängnißstrafe. Dieselbe kann vollstreckt werden, ohne daß der Versuch einer Beitreibung der Geldstrafe gegen den für haftbar Erklärten gemacht ist, sofern dessen Zahlungsunfähigkeit gerichtskundig ist.

Der Betrag von einer bis zu fünf Mark ist einer eintägigen Gefängnißstrafe gleich zu achten.

Der Mindestbetrag der an die Stelle der Geldstrafe tretenden Gefängnißstrafe ist ein Tag, ihr Höchstbetrag sind sechs Monate. Kann nur ein Theil der Geldstrafe beigetrieben werden, so tritt für den Rest derselben nach dem in dem Urtheile festgesetzten Verhältnisse die Gefängnißstrafe ein.

Gegen die in Gemäßheit der §§. 11 und 12 als haftbar Erklärten tritt an die Stelle der Geldstrafe eine Gefängnißstrafe nicht ein.

§. 14.

Statt der in dem §. 13 vorgesehenen Gefängnißstrafe kann während der für dieselbe bestimmten Dauer der Verurtheilte, auch ohne in einer Gefangenanstalt eingeschlossen zu werden, zu Forst- oder Gemeindearbeiten, welche seinen Fähigkeiten und Verhältnissen angemessen sind, angehalten werden.

Die näheren Bestimmungen wegen der zu leistenden Arbeiten werden mit Rücksicht auf die vorwaltenden Lohn- und örtlichen Verhältnisse von dem Regierungspräsidenten (Landdrosten) in Gemeinschaft mit dem Ersten Staatsanwalt beim Oberlandesgerichte erlassen. Dieselben sind ermächtigt, gewisse Tagewerke dergestalt zu bestimmen, daß die Verurtheilten, wenn sie durch angestrengte Thätigkeit mit der ihnen zugewiesenen Arbeit früher zu Stande kommen, auch früher entlassen werden.

§. 15.

Aexte, Sägen, Messer und andere zur Begehung des Forstdiebstahls geeignete Werkzeuge, welche der Thäter bei der Zuwiderhandlung bei sich geführt hat, sind einzuziehen, ohne Unterschied, ob sie dem Schuldigen gehören oder nicht.

Die Thiere, und andere zur Wegschaffung des Entwendeten dienenden Gegenstände, welche der Thäter bei sich führt, unterliegen nicht der Einziehung.

§. 16.

Wird der Thäter bei Ausführung eines Forstdiebstahls, oder gleich nach derselben betroffen oder verfolgt, so sind die zur Begehung des Forstdiebstahls geeigneten Werkzeuge, welche er bei sich führt (§. 15), in Beschlag zu nehmen.

§. 17.

Wird in der Gewahrsam eines innerhalb der letzten zwei Jahre wegen einer Zuwiderhandlung gegen dieses Gesetz rechtskräftig Verurtheilten frisch gefälltes, nicht forstmäßig zugerichtetes Holz gefunden, so ist gegen den Inhaber auf Einziehung des gefundenen Holzes zu erkennen, sofern er sich über den redlichen Erwerb des Holzes nicht ausweisen kann. Die Einziehung erfolgt zu Gunsten der Armenkasse des Wohnorts des Verurtheilten.

§. 18.

Die Strafverfolgung von Zuwiderhandlungen gegen dieses Gesetz verjährt, sofern nicht einer der Fälle der §§. 6 und 8 vorliegt, in sechs Monaten.

§. 19.

Für die Zuwiderhandlungen gegen dieses Gesetz sind die Amtsgerichte zuständig. Dieselben verhandeln und entscheiden, sofern nicht einer der Fälle der §§. 6 und 8 vorliegt, ohne die Zuziehung von Schöffen.

Das Amt des Amtsanwalts kann verwaltenden Forstbeamten übertragen werden.

Für die Verhandlung und Entscheidung über das Rechtsmittel der Berufung sind die Strafkammern zuständig; dieselben entscheiden in der Besetzung mit drei Mitgliedern einschließlich des Vorsitzenden.

§. 20.

Für das Verfahren gelten, soweit nicht in diesem Gesetze abändernde Bestimmungen getroffen sind, die Vorschriften der Strafprozeßordnung über das Verfahren vor den Schöffengerichten.

§. 21.

Der Gerichtsstand ist nur bei demjenigen Amtsgerichte begründet, in dessen Bezirk die Zuwiderhandlung begangen ist.

Ist der Ort der begangenen Zuwiderhandlung nicht zu ermitteln, oder ist die Zuwiderhandlung außerhalb des Preußischen

Staatsgebietes begangen, so bestimmt der Gerichtsstand sich nach den Vorschriften der Strafprozeßordnung.

Im Falle des §. 17 ist der Gerichtsstand bei demjenigen Amtsgerichte begründet, in dessen Bezirke das Holz gefunden worden ist.

§. 22.

In dem Verfahren vor dem Amtsgerichte werden sämmtliche Zustellungen durch den Amtsrichter unmittelbar veranlaßt. Die Formen für den Nachweis der Zustellungen werden durch die Justizverwaltung bestimmt.

§. 23.

Personen, welche mit dem Forstschutze betraut sind, können, sofern dieselben eine Anzeigegebühr nicht empfangen, ein- für allemal gerichtlich beeidigt werden, wenn sie

1) Königliche Beamte sind, oder
2) vom Waldeigenthümer auf Lebenszeit, oder nach einer vom Landrath (Amtshauptmann, Oberamtmann) bescheinigten dreijährigen tadellosen Forstdienstzeit auf mindestens drei Jahre mittels schriftlichen Vertrages angestellt sind, oder
3) zu den für den Forstdienst bestimmten, oder mit Forstversorgungsschein entlassenen Militärpersonen gehören.

In den Fällen der Nr. 2 und 3 ist die Genehmigung des Bezirksraths erforderlich. In denjenigen Landestheilen, in welchen das Gesetz vom 26. Juli 1876 (Gesetz-Samml. S. 297) nicht gilt, tritt an die Stelle des Bezirksraths die Regierung (Landdrostei).

§. 24.

Die Beeidigung erfolgt bei dem Amtsgerichte, in dessen Bezirk der zu Beeidigende seinen Wohnsitz hat, dahin:

daß er die Zuwiderhandlungen gegen dieses Gesetz, welche den seinem Schutze gegenwärtig anvertrauten oder künftig anzuvertrauenden Bezirk betreffen, gewissenhaft anzeigen, bei seinen gerichtlichen Vernehmungen über dieselben nach bestem Wissen die reine Wahrheit sagen, nichts verschweigen und nichts hinzusetzen, auch die ihm obliegenden Schätzungen unparteiisch und nach bestem Wissen und Gewissen bewirken werde.

Eine Ausfertigung des Beeidigungsprotokolls wird den Amtsgerichten mitgetheilt, in deren Bezirke der dem Schutze des Beeidigten anvertraute Bezirk liegt.

§. 25.

Ist eine in Gemäßheit der vorstehenden Bestimmungen oder nach den bisherigen gesetzlichen Vorschriften zur Ermittelung von Forstdiebstählen beeidigte Person als Zeuge oder Sachverständiger zu vernehmen, so wird es der Eidesleistung gleich geachtet, wenn der zu Vernehmende die Richtigkeit seiner Aussage unter Berufung auf den ein- für allemal geleisteten Eid versichert.

Diese Wirkung der Beeidigung hört auf, wenn gegen den Beeidigten eine die Unfähigkeit zur Bekleidung öffentlicher Aemter nach sich ziehende Verurtheilung ergeht, oder die in Gemäßheit des §. 23 ertheilte Genehmigung zurückgezogen wird.

§. 26.

Die mit dem Forstschutze betrauten Personen erstatten ihre Anzeigen an den Amtsanwalt schriftlich und periodisch. Sie haben zu diesem Zwecke Verzeichnisse zu führen, in welchen die einzelnen Fälle unter fortlaufenden Nummern zusammenzustellen sind. Die Verzeichnisse werden dem Amtsanwalt in zwei Ausfertigungen eingereicht. In diese Verzeichnisse können von dem Amtsanwalt auch die anderwärts eingehenden Anzeigen eingetragen werden.

Die näheren Vorschriften über die Aufstellung und die Einreichung der Verzeichnisse werden von der Justizverwaltung erlassen.

§. 27.

Der Amtsanwalt erhebt die öffentliche Klage, indem er bei Ueberreichung einer Ausfertigung des Verzeichnisses (§. 26) den Antrag auf Erlaß eines richterlichen Strafbefehls stellt und die beantragten Strafen nebst Werthersatz neben den einzelnen Nummern des Verzeichnisses vermerkt.

Der Erlaß eines Strafbefehls ist für jede Geldstrafe und die dafür im Unvermögensfalle festzusetzende Gefängnißstrafe, sowie für den Werthersatz und die verwirkte Einziehung zulässig.

Der Strafbefehl muß die Eröffnung enthalten, daß er vollstreckbar werde, wenn der Beschuldigte nicht in einem, sogleich in dem Strafbefehle anzuberaumenden, eintretendenfalls zugleich zur Hauptverhandlung bestimmten Termine vor dem Amtsrichter erscheine und Einspruch erhebe.

Die in dem Strafbefehle getroffene Festsetzung ist von dem Amtsrichter neben jeder Nummer des Verzeichnisses einzutragen und dem Angeklagten mit einem Auszuge aus dem Verzeichnisse zuzustellen.

Die mit dem Forstschutz betrauten Personen, welche nach den Anzeigen als Beweiszeugen auftreten sollen, sind durch ihre Vorgesetzten zu veranlassen, in dem anberaumten Termine zu erscheinen. Die sonst erforderlichen Zeugen sind zu demselben zu laden.

§. 28.

Auf den Einspruch kann vor dem Termine verzichtet werden.

Auf die Wiedereinsetzung in den vorigen Stand gegen die Versäumung des Termins finden die §§. 44, 45 Abs. 1, 46 und 47 der Strafprozeßordnung entsprechende Anwendung. Wird dem Gesuche stattgegeben, so ist ein neuer Strafbefehl unter Aufhebung des früheren zu erlassen.

§. 29.

Ueber alle Einsprüche, sowie über alle Anträge, welche der Amtsrichter unter Ablehnung des Strafbefehls zur Hauptverhandlung gebracht hat, kann in einer Hauptverhandlung verhandelt und entschieden werden. Das Protokoll über dieselbe wird nach den Nummern des Verzeichnisses geführt.

Von einem auf Verwerfung des Einspruchs lautenden Urtheile wird dem Verurtheilten nur die Urtheilsformel zugestellt.

§. 30.

In den Fällen der §§. 6 und 8 findet der Erlaß eines Strafbefehls nicht statt. Der Amtsanwalt erhebt die öffentliche Klage durch Einreichung einer Anklageschrift, welcher ein Auszug aus dem Verzeichnisse (§. 26) beizufügen ist. Die Hauptverhandlung kann ohne Anwesenheit des Angeklagten erfolgen.

§. 31.

Wird gegen ein von dem Amtsrichter ohne die Zuziehung von Schöffen erlassenes Urtheil die Berufung eingelegt, so sind zum Zwecke der Bildung besonderer Akten durch den Gerichtsschreiber beglaubigte Auszüge aus den Akten erster Instanz zu fertigen.

§. 32.

Die Revision gegen die in der Berufungsinstanz erlassenen Urtheile findet nur statt, wenn eine der in den §§. 6 und 8 vorgesehenen strafbaren Handlungen den Gegenstand der Untersuchung bildet.

§. 33.

Die Vollstreckung der Strafbefehle und der Urtheile erfolgt durch den Amtsrichter.

§. 34.

Eine auf Grund dieses Gesetzes ausgesprochene und eingezogene Geldstrafe fließt dem Beschädigten zu. Diese Bestimmung bezieht sich nicht auf eine im Falle des §. 8 erkannte Zusatzstrafe.

Weist der Beschädigte im Falle der Nichteinziehbarkeit der Geldstrafe Arbeiten, welche den Erfordernissen des §. 14 entsprechen, der Behörde nach, so soll der Verurtheilte zu deren Leistung angehalten werden. Diese Nachweisung ist nicht mehr zu berücksichtigen, sobald mit der anderweiten Vollstreckung der Strafe begonnen ist.

§. 35.

Der Amtsrichter ist befugt, wenn der Verurtheilte zu der Gemeinde gehört, welcher die erkannte Entschädigung und Geldstrafe zufällt, die Beitreibung dieser Entschädigung und Geldstrafe nebst den Kosten der Gemeindebehörde in der Art aufzutragen, daß sie die Einziehung auf dieselbe Weise zu bewirken hat, wie die Einziehung der Gemeindegefälle. Es dürfen jedoch dem Verurtheilten keine Mehrkosten erwachsen.

§. 36.

Steht mit einer Zuwiderhandlung gegen dieses Gesetz ein nach §. 361 Nr. 9 des Strafgesetzbuches strafbares Nichtabhalten von der Begehung von Forstdiebstählen im Zusammenhange, so findet auch auf diese Uebertretung das in diesem Gesetze vorgeschriebene Verfahren Anwendung.

§. 37.

Für das weitere Verfahren in den am Tage des Inkrafttretens dieses Gesetzes anhängigen Sachen finden die Vorschriften der §§. 8 und ff. des Einführungsgesetzes zur Strafprozeßordnung entsprechende Anwendung.

§. 38.

Dieses Gesetz tritt mit dem in dem §. 39 bezeichneten Zeitpunkte an die Stelle des Gesetzes vom 2. Juni 1852, den Diebstahl an Holz und anderen Waldprodukten betreffend (Gesetz-Samml. 1852 S. 305).

Wo in einem Gesetze auf die bisherigen Bestimmungen über den Holz- (Forst-) Diebstahl verwiesen ist, treten die Vorschriften des gegenwärtigen Gesetzes an deren Stelle.

§. 39.

Dieses Gesetz tritt gleichzeitig mit dem Gerichtsverfassungsgesetze in Kraft.

Urkundlich unter Unserer Höchsteigenhändigen Unterschrift und beigedrucktem Königlichen Insiegel.

Gegeben Berlin, den 15. April 1878.

(L. S.) Wilhelm.

Fürst v. Bismarck. Leonhardt. Falk. v. Kameke.
Friedenthal. v. Bülow. Hofmann.
Gr. zu Eulenburg. Maybach. Hobrecht.

II.

Ausführungsgesetz

vom 24. April 1878

zum

Deutschen Gerichtsverfassungsgesetz

vom 27. Januar 1877.

II.

Ausführungsgesetz

vom 24. April 1878

zum

Deutschen Gerichtsverfassungsgesetz

vom 27. Januar 1877.

Wir Wilhelm, von Gottes Gnaden König von Preußen ꝛc. verordnen, unter Zustimmung beider Häuser des Landtages der Monarchie, was folgt:

Erster Titel.

Richteramt.

§. 1.

Die Prüfungen, durch deren Ablegung die Fähigkeit zum Richteramt erlangt wird, und der Vorbereitungsdienst der Referendare erfolgen nach den Vorschriften des Gesetzes vom 6. Mai 1869. An die Stelle der Appellationsgerichte treten die Oberlandesgerichte. Die Dauer des Vorbereitungsdienstes bleibt eine vierjährige.

§. 2.

Referendare, welche im Vorbereitungsdienste seit mindestens zwei Jahren beschäftigt sind, können im Falle des Bedürfnisses durch die Justizverwaltung mit der zeitweiligen Wahrnehmung richterlicher Geschäfte bei den Amtsgerichten beauftragt werden.

Denselben kann nach näherer Anordnung der Justizverwaltung durch den Amtsrichter, welchem sie zur Ausbildung überwiesen sind, die Erledigung einzelner richterlicher Geschäfte übertragen werden.

Zur Urtheilsfällung, zur Aufnahme letztwilliger Verfügungen, zur Entscheidung über Durchsuchungen, Beschlagnahmen und Verhaftungen, sowie zu den Geschäften des Amtsrichters bei Bildung der Schöffengerichte und Schwurgerichte sind Referendare nicht befähigt.

§. 3.

Die Gerichtsassessoren werden nach ihrer Ernennung einem Amtsgericht oder Landgericht oder mit ihrer Zustimmung einer Staatsanwaltschaft zur unentgeltlichen Beschäftigung überwiesen. Die Bezeichnuug des Gerichts oder der Staatsanwaltschaft erfolgt durch den Justizminister.

Die Versetzung der Gerichtsassessoren von dem Orte, an welchem sie einem Gericht oder einer Staatsanwaltschaft zur unentgeltlichen Beschäftigung überwiesen sind, ist, vorbehaltlich der Vorschriften in §. 4, nur mit ihrer Zustimmung zulässig.

§. 4.

Die Gerichtsassessoren sind verpflichtet, auf Anordnung des Justizministers die Verwaltung einer Amtsrichterstelle, die Stellung eines Hülfsrichters oder eines Hülfsarbeiters bei der Staatsanwaltschaft zu übernehmen. In diesen Fällen ist ihnen eine Entschädigung nach allgemein festzustellenden Grundsätzen sowie Ersatz der Reisekosten nach Maßgabe der Verordnung vom 15. April 1876 (Gesetz-Samml. S. 107) zu gewähren.

Nach Beendigung des ihnen ertheilten Auftrags treten sie bei demjenigen Gerichte oder derjenigen Staatsanwaltschaft wieder ein, wohin sie vor dem erhaltenen Auftrage überwiesen waren.

§. 5.

Bei den Landgerichten und bei den Strafkammern an den Sitzen der Amtsgerichte sind die Gerichtsassessoren zur Wahrnehmung richterlicher Geschäfte nur befugt, wenn sie als Hülfsrichter bestellt sind.

§. 6.

Die Befugniß der Gerichtsassessoren, sich als Rechtsanwälte niederzulassen oder bei Rechtsanwälten zu beschäftigen, wird, soweit die Anwaltsordnung Bestimmungen nicht trifft, gesetzlich geregelt.

§. 7.

Die Richter, einschließlich der Handelsrichter, werden vom Könige ernannt.

§. 8.

Die Mitglieder der Landgerichte führen den Amtstitel Landrichter. Die bei den Amtsgerichten angestellten Richter führen den Amtstitel Amtsrichter.

§. 9.

Die Verleihung der etatsmäßigen Gehälter und Gehaltszulagen an die Richter erfolgt innerhalb des Besoldungsetats nach der durch das Dienstalter bestimmten Reihenfolge. Neu ernannte oder in einen andern Besoldungsetat versetzte Richter treten nach dem Dienstalter in die Reihenfolge ein. Die für die Bestimmung des Dienstalters maßgebenden Grundsätze werden durch Königliche Verordnung festgesetzt. Die Verordnung kann nur durch Gesetz abgeändert werden.

Die Verleihung einer Gehaltszulage bleibt ausgesetzt, so lange ein Disziplinarverfahren oder wegen eines Verbrechens oder Vergehens ein Hauptverfahren oder eine Voruntersuchung schwebt. Führt das Verfahren zum Verluste des Amts, so findet eine Nachzahlung des zurückbehaltenen Mehrgehalts nicht statt.

§. 10.

Die Gehälter der Landrichter und der Amtsrichter sind nach gleichen Grundsätzen zu bemessen.

§. 11.

Andere Vergütungen, als die auf Gesetz beruhenden Gehälter und Entschädigungen oder auf Stiftungen beruhende Bezüge, dürfen den Richtern für richterliche Geschäfte nicht gewährt werden.

Unterstützungen in Fällen eines außerordentlichen Bedürfnisses werden von dieser Vorschrift nicht betroffen.

Zweiter Titel.

Gerichtsbarkeit.

§. 12.

Die nachstehend bezeichneten Gerichte werden aufgehoben:

1) das Obertribunal;

2) in dem Geltungsbereiche der Verordnung vom 2. Januar 1849 die Appellationsgerichte, die Stadtgerichte und Kreisgerichte, sowie die Kommerz- und Admiralitätskollegien, einschließlich der Deputationen, Kommissionen und Grundbuchämter, die Fabrikengerichtsdeputationen in Westfalen und die Grundbuchämter in Bergen a. R., Greifswald, Grimmen und Stralsund;

3) in dem Bezirke des Appellationsgerichtshofes zu Cöln: der Appellationsgerichtshof, die Landgerichte, Handelsgerichte und Friedensgerichte;

4) in dem Bezirke des Appellationsgerichts zu Celle: das Appellationsgericht, die Obergerichte und Amtsgerichte einschließlich der Grundbuchämter;

5) in den Bezirken der Appellationsgerichte zu Kiel, Kassel und Wiesbaden: die Appellationsgerichte, die Kreisgerichte und Amtsgerichte einschließlich der Grundbuchämter;

6) in dem Bezirke des Appellationsgerichts zu Frankfurt a. M.: das Appellationsgericht, das Stadtgericht, das Stadtamt, das Landjustizamt, das Rügegericht, das Fiskalat und die Transskriptions- und Hypothekenbehörde.

§. 13.

Die den Universitätsgerichten und den Kirchspielsgerichten im Lande Hadeln zustehende Gerichtsbarkeit in nicht streitigen Rechtsangelegenheiten wird aufgehoben.

Die den Universitätsgerichten zustehende Befugniß, Schuldurkunden der Studirenden aufzunehmen und zu Schulden der Studirenden die Zustimmung zu ertheilen, wird durch diese Bestimmung nicht berührt.

§. 14.

Die Schöffengerichte in dem Bezirke des Justizsenats zu Ehrenbreitstein sollen, sobald das Fortschreiten der Grundbuchregulirung dieses gestattet, aufgehoben werden. Der Justizminister ist ermächtigt, für die Zwischenzeit die erforderlichen Aenderungen der Instruktion vom 15. Dezember 1853 zu treffen, den Zeitpunkt der Aufhebung der Schöffengerichte zu bestimmen und die Zuständigkeit der Schultheißen und Schöffen, im Auftrage der Gerichte Siegelungen, Inventuren, Taxen und Mobiliarversteigerungen vorzunehmen, anderweit zu regeln.

§. 15.

Die Zuständigkeit der Verwaltungsbehörden in der Provinz Hannover für die auf die Führung des Schiffsregisters bezüglichen Geschäfte wird aufgehoben.

§. 16.

Die Gerichtsbarkeit der in dem §. 12 Nr. 2—6 und in den §§. 13, 14 bezeichneten Gerichte in den Angelegenheiten, welche zu der ordentlichen streitigen Gerichtsbarkeit nicht gehören, geht in dem Umfange, in welchem sie in den einzelnen Landestheilen bisher bestanden hat, auf die in Gemäßheit des Deutschen Gerichtsverfassungsgesetzes zu bildenden ordentlichen Gerichte nach näherer Bestimmung des gegenwärtigen Gesetzes über. Dasselbe gilt hinsichtlich der im §. 15 bezeichneten Angelegenheiten.

§. 17.

Die Zuständigkeit der ordentlichen Gerichte für das Hinterlegungswesen wird durch ein besonderes Gesetz bestimmt.

Die Gerichtsbarkeit erster und zweiter Instanz in den durch die Gesetze für das Herzogthum Lauenburg vom 14. August 1872 und 7. Dezember 1874 dem Kreisgericht in Ratzeburg zugewiesenen Rechtsstreitigkeiten wird durch Königliche Verordnung geregelt.

§. 18.

Der Geheime Justizrath wird unter entsprechender Anwendung des Artikel III des Gesetzes vom 26. April 1851 bei dem Oberlandesgerichte zu Berlin gebildet. Die Gerichtsbarkeit letzter Instanz in den zur Zuständigkeit des Geheimen Justizraths gehörenden Rechtsstreitigkeiten wird durch ein besonderes Gesetz bestimmt, insofern dieselbe nicht in Gemäßheit des §. 3 des Einführungsgesetzes zum Deutschen Gerichtsverfassungsgesetze dem Reichsgericht übertragen wird.

§. 19.

Die bisher dem Obertribunal zustehende Gerichtsbarkeit letzter Instanz

1) in den Rechtsstreitigkeiten, welche in erster Instanz zur

Zuständigkeit der Generalkommissionen oder der die Stelle derselben vertretenden Spruchkollegien gehören,

2) in den Rechtsstreitigkeiten, auf welche das Gesetz vom 19. Mai 1851, betreffend das Verfahren in den nach der Gemeinheitstheilungs-Ordnung zu behandelnden Theilungen und Ablösungen in den Landestheilen des linken Rheinufers, Anwendung findet,

3) in den durch die Gesetze für das Herzogthum Lauenburg vom 14. August 1872 und vom 7. Dezember 1874 bezeichneten Rechtsstreitigkeiten

wird durch ein besonderes Gesetz geregelt, sofern diese Gerichtsbarkeit nicht in Gemäßheit des §. 3 des Einführungsgesetzes zum Deutschen Gerichtsverfassungsgesetze dem Reichsgericht übertragen wird.

§. 20.

In den durch dieses Gesetz den ordentlichen Gerichten übertragenen Angelegenheiten erfolgt die Bestimmung des örtlich zuständigen Gerichts durch das Oberlandesgericht:

1) wenn das an sich zuständige Gericht in einem einzelnen Falle an der Ausübung des Richteramts rechtlich oder thatsächlich verhindert ist;

2) wenn Streit oder Ungewißheit über die örtliche Zuständigkeit mehrerer Gerichte obwaltet;

3) wenn nach den bestehenden Vorschriften ein gemeinschaftlicher Gerichtsstand zu bestellen ist.

In den Fällen der Nr. 2, 3 erfolgt die Bestimmung durch den Justizminister, wenn die mehreren Gerichte den Bezirken verschiedener Oberlandesgerichte angehören oder wenn es sich um Angelegenheiten handelt, für welche die Oberlandesgerichte in erster Instanz zuständig sind.

Dritter Titel.

Amtsgerichte.

§. 21.

Die Sitze und Bezirke der Amtsgerichte werden durch Königliche Verordnung bestimmt.

Dieselben können nach dem 1. Oktober 1882 nur durch Gesetz verändert werden.

Veränderungen solcher Gemeinde- oder Gutsbezirksgrenzen, welche zugleich die Grenzen von Amtsgerichtsbezirken bilden, ziehen von selbst die Veränderung der letzteren Grenzen nach sich.

§. 22.

Die Abhaltung von Gerichtstagen außerhalb des Gerichtssitzes kann durch den Justizminister angeordnet werden.

§. 23.

Bei den mit mehreren Richtern besetzten Amtsgerichten werden die Geschäfte nach örtlich abgegrenzten Bezirken oder, wenn das Interesse der Rechtspflege dies erfordert, nach Gattungen oder nach Gattungen und Bezirken vertheilt. Die Vertheilung erfolgt durch das Präsidium des Landgerichts im Voraus auf die Dauer eines Geschäftsjahres nach den von dem Justizminister festgestellten Grundsätzen.

Die Gültigkeit der Handlung eines Amtsrichters wird dadurch nicht berührt, daß die Handlung nach der Geschäftsvertheilung von einem der anderen Amtsrichter vorzunehmen gewesen wäre.

§. 24.

Mehrere Richter desselben Amtsgerichts vertreten sich wechselseitig in der durch das Präsidium des Landgerichts im Voraus bestimmten Reihenfolge.

Die Vertretung der Amtsrichter durch Richter benachbarter Amtsgerichte kann von der Justizverwaltung im Voraus angeordnet werden. Eine solche Anordnung muß erfolgen bei Amtsgerichten, welche nur mit einem Richter besetzt sind. Diese Vertretung erstreckt sich nicht auf den Fall der rechtlichen Verhinderung eines Richters in Angelegenheiten, auf welche der §. 36 der Deutschen Civilprozeßordnung oder der §. 15 der Deutschen Strafprozeßordnung Anwendung findet.

Angelegenheiten, auf welche die bezeichneten Bestimmungen der Deutschen Prozeßordnungen keine Anwendung finden, können, wenn die Vertretung nicht durch Richter desselben Amtsgerichts geschehen kann, von dem Oberlandesgericht einem anderen Amtsgerichte zugewiesen werden.

§. 25.

Die Amtsgerichte sind zuständig:

1) für die auf die Führung der Handelsregister, der Genossenschaftsregister, der Musterregister und der Schiffsregister bezüglichen Geschäfte;
2) für die in dem Handelsgesetzbuch und in den Einführungsgesetzen zu demselben, sowie in dem Gesetze vom 4. Juli 1868, betreffend die privatrechtliche Stellung der Erwerbs- und Wirthsschaftgenossenschaften, den Gerichten zugewiesenen, von den Deutschen Prozeßordnungen nicht betroffenen Angelegenheiten.

§. 26.

Die Amtsgerichte sind zuständig für die Angelegenheiten, welche bisher durch Einzelrichter zu erledigen waren.

Folgende Angelegenheiten gehören zur Zuständigkeit der Amtsgerichte auch insoweit, als sie bisher durch die Kollegialgerichte erster Instanz zu erledigen waren:

1) das Verlassenschaftswesen, einschließlich der Ausstellung gerichtlicher Erbbescheinigungen;
2) die Vollziehung, Beurkundung und Bestätigung von Handlungen der nicht streitigen Gerichtsbarkeit, einschließlich der Dispensation von Veräußerungsverboten.

§. 27.

Der den Häuptern und Mitgliedern der früher reichsständischen Familien eingeräumte Gerichtsstand in Angelegenheiten der nicht streitigen Gerichtsbarkeit wird durch die vorstehenden Bestimmungen (§. 26) nicht berührt.

§. 28.

In dem Bezirke des Appellationsgerichtshofes zu Cöln tritt an die Stelle der Vorschrift im zweiten Absatze des §. 26 folgende Bestimmung:

Die Amtsgerichte sind ferner zuständig:

1) für die in den Artikeln 867, 872 der Rheinischen Civilprozeßordnung den Handelsgerichten zugewiesenen Angelegenheiten;
2) für die in den Artikeln 907—915 und 921—952 der

Rheinischen Civilprozeßordnung den Landgerichten zugewiesenen Geschäfte.

§. 29.

Die den Gerichten zustehende Verwaltung oder Beaufsichtigung von Stiftungen liegt den Amtsgerichten ob. Durch den Justizminister kann das Landgericht oder das Oberlandesgericht mit der Verwaltung oder Beaufsichtigung beauftragt werden.

§. 30.

Der Justizminister kann die den Gerichten obliegende Führung der Schiffsregister, sowie der Handels-, Genossenschafts- und Musterregister für die Bezirke mehrerer Amtsgerichte einem derselben übertragen.

§. 31.

Die Bildung von Grundbuchämtern findet nicht statt. Die Geschäfte der Grundbuchrichter werden von den Amtsrichtern, die Geschäfte der Grundbuchführer von den Gerichtsschreibern wahrgenommen.

Als Zeitpunkt des Eingangs eines Gesuchs um Eintragung im Grundbuche gilt derjenige Zeitpunkt, in welchem das Gesuch dem mit den Geschäften des Grundbuchrichters oder Grundbuchführers hinsichtlich des betreffenden Grundstückes beauftragten Richter oder Gerichtsschreiber vorgelegt wird.

§. 32.

In der Provinz Schleswig-Holstein ist das Oberlandesgericht ermächtigt, die Führung der Schuld- und Pfandprotokolle, welche sich auf die Bezirke mehrerer Amtsgerichte beziehen, einem der betheiligten Amtsgerichte zu übertragen.

Die Führung der früher Schleswigschen und Holsteinschen landgerichtlichen und obergerichtlichen Schuld- und Pfandprotokolle, sowie die Führung des Grundbuchs für die in diesen Protokollen eingetragenen Grundstücke werden dem Amtsgericht in Kiel, die Führung der Lauenburgischen hofgerichtlichen Schuld- und Pfandprotokolle dem Amtsgericht in Ratzeburg zugewiesen. Das Oberlandesgericht ist ermächtigt, diese Geschäfte ganz oder theilweise dem Amtsgerichte des Bezirks, in welchem die Grundstücke liegen, zu übertragen.

Vierter Titel.

Schöffengerichte.

§. 33.

Zu dem Amte eines Schöffen sollen außer den im §. 34 des Deutschen Gerichtsverfassungsgesetzes bezeichneten Beamten nicht berufen werden:

1) die vortragenden Räthe der Ministerien, einschließlich des Generalinspektors des Katasters;
2) die Provinzialsteuerdirektoren;
3) der Dirigent der Direktion für die Verwaltung der direkten Steuern in Berlin;
4) die Mitglieder des Oberverwaltungsgerichts, sowie die ständigen Mitglieder der Bezirksverwaltungsgerichte und des Verwaltungsgerichts für die Stadt Berlin.

§. 34.

Der als Beisitzer des Ausschusses für die Auswahl der Schöffen eintretende Staatsverwaltungsbeamte wird von dem Regierungspräsidenten (Landdrosten) bestellt. Zugleich ist ein Stellvertreter zu bestellen.

§. 35.

Die Vertrauensmänner des Ausschusses werden durch die Kreisvertretungen, in den Hohenzollernschen Landen durch die Amtsvertretungen, in der Provinz Hannover durch die Amtsvertretungen und durch die zu einem Kollegium vereinigten Magistrate und Bürgervorsteher der einem Amtsverbande nicht angehörigen Städte gewählt.

Erstreckt sich der Bezirk des Amtsgerichts über mehrere wahlberechtigte Verbände, so ist die von jedem einzelnen Verbande zu wählende Anzahl der Vertrauensmänner unter Berücksichtigung der Einwohnerzahl durch den Amtsrichter zu bestimmen.

Die Vorschriften der §§. 32—35 des Deutschen Gerichtsverfassungsgesetzes über die Berufung zum Schöffen- und Geschworenenamte finden auf die zu wählenden Vertrauensmänner entsprechende Anwendung. Die Wahl erfolgt nach der absoluten Mehrheit der Stimmen.

§. 36.

Den Vertrauensmännern und den Schöffen werden, sofern sie außerhalb ihres Aufenthaltsorts einen Weg bis zur Entfernung von mehr als zwei Kilometern zurückzulegen haben, an Reisekosten gewährt:

1) bei Reisen, welche auf Eisenbahnen oder Dampfschiffen gemacht werden können, für jedes angefangene Kilometer des Hinweges und des Rückweges zehn Pfennige;
2) bei Reisen, welche nicht auf Eisenbahnen oder Dampfschiffen zurückgelegt werden können, für jedes angefangene Kilometer des Hinweges und des Rückweges zwanzig Pfennige;

im Ganzen jedoch mindestens drei Mark.

Mußte der Vertrauensmann oder Schöffe innerhalb seines Aufenthaltsorts einen Weg bis zur Entfernung von mehr als zwei Kilometern zurücklegen, so sind ihm als Reiseentschädigung für jedes angefangene Kilometer des Hinweges und des Rückweges zwanzig Pfennige zu gewähren.

Fünfter Titel.

Landgerichte.

§. 37.

Die Sitze und Bezirke der Landgerichte werden durch Gesetz bestimmt.

Werden bei der ersten Bildung oder bei einer späteren Veränderung der Amtsgerichtsbezirke die Grenzen der Landgerichtsbezirke überschritten, so zieht eine solche Ueberschreitung von selbst die Veränderung der betheiligten Landgerichtsbezirke nach sich.

§. 38.

Die Amtsrichter sind verpflichtet, bei dem Landgerichte, in dessen Bezirk sie angestellt sind, die Vertretung eines Richters für einzelne Sitzungen oder Geschäfte zu übernehmen.

Die Einberufung der Vertreter erfolgt durch den Präsidenten des Landgerichts nach einer jährlich vor Beginn des Geschäftsjahres durch das Präsidium des Landgerichts festzusetzenden Reihenfolge.

Für Einberufungen, welche während der Gerichtsferien erfolgen, ist die für das Geschäftsjahr festgestellte Reihenfolge nicht maßgebend.

Die Einberufung ist nur dann statthaft, wenn die Vertretung des verhinderten Mitgliedes durch ein Mitglied des Landgerichts nicht möglich ist.

§. 39.

Die Landgerichte sind in bürgerlichen Rechtsstreitigkeiten ohne Rücksicht auf den Werth des Streitgegenstandes ausschließlich zuständig:

1) für die Ansprüche der Staatsbeamten gegen den Landesfiskus aus ihrem Dienstverhältnisse;
2) für die Ansprüche gegen den Landesfiskus wegen Verschuldung von Staatsbeamten;
3) für die Ansprüche gegen öffentliche Beamte wegen Ueberschreitung ihrer amtlichen Befugnisse oder wegen pflichtwidriger Unterlassung von Amtshandlungen;
4) für die Ansprüche gegen den Landesfiskus in Betreff der Verpflichtung zur Entrichtung einer Erbschaftssteuer, eines Werthstempels oder eines nicht nach dem Betrage des Gegenstandes zu bemessenden Vertragsstempels.

Die Vorschriften über die Voraussetzungen der Zulässigkeit des Rechtsweges für diese Ansprüche bleiben unberührt.

§. 40.

Die Landgerichte sind zuständig für die Verhandlung und Entscheidung über die Rechtsmittel in den Angelegenheiten, welche durch dieses Gesetz den Amtsgerichten zugewiesen sind.

Gegen die Entscheidungen der Landgerichte findet das Rechtsmittel der weiteren Beschwerde statt.

§. 41.

Soweit nicht andere Bestimmungen getroffen sind, gehören zur Zuständigkeit der Landgerichte alle Angelegenheiten, für welche bisher die aufgehobenen Kollegialgerichte erster Instanz zuständig waren.

Die Vorschriften über die Erledigung einzelner Geschäfte durch den Präsidenten oder den Gerichtsschreiber bleiben in Kraft.

§. 42.

Die in diesem Gesetze den Landgerichten zugewiesenen Angelegenheiten werden von den Civilkammern erledigt.

§. 43.

Die gerichtliche Beglaubigung amtlicher Unterschriften zum Zwecke der Legalisation im diplomatischen Wege erfolgt durch den Präsidenten des Landgerichts.

Sechster Titel.

Schwurgerichte.

§. 44.

Die Vorschriften des §. 33 über die Berufung zum Schöffenamte finden auch auf das Geschworenenamt Anwendung.

§. 45.

Den Geschworenen werden Reisekosten nach Maßgabe der Vorschriften des §. 36 Absatz 1 gewährt.

Siebenter Titel.

Kammern für Handelssachen.

§. 46.

Die Vorsitzenden der Kammern für Handelssachen werden mindestens auf die Dauer eines Geschäftsjahres durch den Justizminister bestimmt.

Achter Titel.

Oberlandesgerichte.

§. 47.

Die Sitze und Bezirke der Oberlandesgerichte werden durch Gesetz bestimmt.

§. 48.

Die Amtsrichter und die Landrichter sind verpflichtet, bei dem Oberlandesgerichte, in dessen Bezirk sie angestellt sind, die Vertretung eines Richters für einzelne Sitzungen oder Geschäfte zu übernehmen.

Die Einberufung der Vertreter erfolgt durch den Präsidenten des Oberlandesgerichts nach einer jährlich vor Beginn des Geschäftsjahres durch das Präsidium des Oberlandesgerichts festzusetzenden Reihenfolge.

Für Einberufungen, welche während der Gerichtsferien erfolgen, ist die für das Geschäftsjahr festgestellte Reihenfolge nicht maßgebend.

Die Einberufung ist nur dann statthaft, wenn die Vertretung des verhinderten Mitgliedes durch ein Mitglied des Oberlandesgerichts nicht möglich ist.

§. 49.

Zur Zuständigkeit der Oberlandesgerichte gehören:

1) alle Angelegenheiten, für welche bisher die Appellationsgerichte als Gerichte erster Instanz zuständig waren, vorbehaltlich der in dem §. 29 enthaltenen Vorschriften;
2) die bisher zur Zuständigkeit des Kreisgerichts in Ratzeburg gehörenden Familienfideikommißsachen;
3) die Verhandlung und Entscheidung über die Rechtsmittel in den Angelegenheiten, welche nach den Vorschriften dieses Gesetzes in erster Instanz zur Zuständigkeit der Landgerichte gehören.

§. 50.

Das Oberlandesgericht in Berlin ist ausschließlich zuständig für die Verhandlung und Entscheidung:

1) über die nicht zur Zuständigkeit des Reichsgerichts gehörenden Revisionen gegen Urtheile der Strafkammern in erster Instanz;
2) über die Revisionen gegen Urtheile der Strafkammern in der Berufungsinstanz und über alle Beschwerden gegen Entscheidungen der Strafkammern, sofern eine nach Landesrecht strafbare Handlung den Gegenstand der Untersuchung bildet.

In den unter Nr. 2 bezeichneten Beschwerdesachen findet bei Zweifeln über die Zuständigkeit der §. 388 der Deutschen Strafprozeßordnung entsprechende Anwendung.

§. 51.

Das Oberlandesgericht in Berlin ist ferner ausschließlich zuständig für die Verhandlung und Entscheidung über das im

§. 40 bezeichnete Rechtsmittel der weiteren Beschwerde. Für dieses Rechtsmittel gelten die nachstehenden Vorschriften.

§. 52.

Die weitere Beschwerde kann nur darauf gestützt werden, daß die Entscheidung auf einer Verletzung des Gesetzes beruhe. Die Vorschriften der §§. 512, 513 der Deutschen Civilprozeßordnung finden entsprechende Anwendung.

§. 53.

Die weitere Beschwerde wird bei dem Gericht eingelegt, von welchem die angefochtene Entscheidung erlassen ist; sie kann in dringenden Fällen auch bei dem Oberlandesgericht in Berlin eingelegt werden.

Die Einlegung erfolgt durch Einreichung einer Beschwerdeschrift oder durch Erklärung zu Protokoll des Gerichtsschreibers. Im ersteren Falle muß die Beschwerdeschrift von einem Rechtsanwalt unterzeichnet sein. Oeffentliche Behörden, sowie Personen, welche zum Richteramt befähigt sind, können die Beschwerde schriftlich ohne Zuziehung eines Rechtsanwalts einlegen.

Die Beschwerde muß die Bezeichnung der verletzten Rechtsnorm enthalten. Eine unrichtige Bezeichnung der verletzten Rechtsnorm ist unschädlich.

§. 54.

Die Vorschriften über die Frist des gegen die Entscheidung erster Instanz zulässigen Rechtsmittels finden auf die weitere Beschwerde entsprechende Anwendung. Die Einlegung bei dem Oberlandesgericht in Berlin genügt zur Wahrung der Nothfrist, auch wenn der Fall für dringlich nicht erachtet wird.

§. 55.

Für das weitere Verfahren finden die Vorschriften der §§. 535—538 der Deutschen Civilprozeßordnung entsprechende Anwendung.

§. 56.

Wird die weitere Beschwerde ausschließlich auf die Verletzung einer Rechtsnorm gestützt, welche in dem Bezirke des Oberlandesgerichts in Berlin nicht gilt, so hat dasselbe die Verhandlung und Entscheidung dem Oberlandesgerichte zu überweisen, zu dessen Bezirk das Landgericht gehört, welches die angefochtene Entscheidung erlassen hat. Eine gleiche Ueberweisung kann erfolgen, wenn die weitere Beschwerde auf die Verletzung mehrerer Rechtsnormen gestützt wird, von denen die eine, nicht aber die andere im Bezirke des Oberlandesgerichts in Berlin Geltung hat.

Das Oberlandesgericht, an welches die Ueberweisung erfolgt ist, hat sich der Erledigung der Sache zu unterziehen. Dasselbe ist an die rechtliche Begründung des Ueberweisungsbeschlusses nicht gebunden.

§. 57.

Die in den §§. 20, 24, 29, 32, 49, 51, 87, 93, 94 den Oberlandesgerichten zugewiesenen Angelegenheiten werden von den Civilsenaten erledigt.

Neunter Titel.

Staatsanwaltschaft.

§. 58.

Die bestehenden staatsanwaltschaftlichen Behörden werden aufgehoben. Die Zuständigkeit derselben in den Angelegenheiten, welche durch die Deutschen Prozeßordnungen nicht betroffen werden, geht, insoweit nicht besondere Bestimmungen gegeben sind, in dem Umfange, in welchem sie in den einzelnen Landestheilen bisher bestanden hat, auf die Staatsanwaltschaften bei den ordentlichen Landesgerichten über.

§. 59.

Die ersten Beamten der Staatsanwaltschaft bei den Oberlandesgerichten führen den Amtstitel Oberstaatsanwalt, die ersten Beamten der Staatsanwaltschaft bei den Landgerichten den Amtstitel Erster Staatsanwalt. Die übrigen Beamten der Staatsanwaltschaft bei den Oberlandesgerichten und den Landgerichten führen den Amtstitel Staatsanwalt.

§. 60.

Die Oberstaatsanwälte und die Staatsanwälte werden vom Könige ernannt.

§. 61.

Die Oberstaatsanwälte und die Staatsanwälte sind nicht richterliche Beamte.

§. 62.

Die Amtsanwälte werden auf Widerruf ernannt.

§. 63.

Die Geschäfte des Amtsanwalts können von dem Justizminister einem Staatsanwalt, einem Gerichtsassessor, sofern derselbe nicht gleichzeitig mit richterlichen Geschäften in Strafsachen betraut wird, oder einem Referendar übertragen werden. Insoweit diese Befugniß nicht zur Anwendung kommt, erfolgt die Ernennung des Amtsanwalts durch den Oberstaatsanwalt nach Anhörung des Regierungspräsidenten (Landdrosten).

§. 64.

Vorsteher der Gemeindeverwaltung am Sitze des Amtsgerichts sind verpflichtet, die Geschäfte eines Amtsanwalts zu übernehmen, sofern nicht die örtliche Polizeiverwaltung Königlichen Behörden übertragen ist. Wird von der Gemeindebehörde eine andere geeignete Person in Vorschlag gebracht, welche zur Uebernahme dieser Geschäfte bereit ist, so fällt die Verpflichtung des Vorstehers der Gemeindeverwaltung fort.

Neben dem Vorsteher der Gemeindeverwaltung ist auf Antrag der Gemeindebehörde eine von dieser vorgeschlagene geeignete Person zum Stellvertreter des Amtsanwalts zu bestellen. Ueber die Vertheilung der Geschäfte entscheidet der Vorsteher der Gemeindeverwaltung.

§. 65.

Die Kosten, welche aus der Führung der Amtsanwaltsgeschäfte erwachsen, fallen in jedem Falle dem Staate zur Last. Die nach §. 64 ernannten Amtsanwälte erhalten für ihre persönliche Mühwaltung und zur Deckung der sächlichen Kosten eine als Pauschquantum festzusetzende Entschädigung.

§. 66.

Im Falle der Verhinderung eines Beamten der Staatsanwaltschaft ist für Geschäfte, welche keinen Aufschub gestatten, nöthigenfalls von dem Vorstande des Gerichts ein Vertreter zu bestellen.

Zur Uebernahme einer solchen Vertretung sind die Beamten des Gerichts, einschließlich der Richter, verpflichtet.

§. 67.

Mit der einstweiligen Wahrnehmung von Geschäften der

Staatsanwaltschaft bei den Oberlandesgerichten und den Landgerichten können nur zum Richteramte befähigte Personen beauftragt werden.

Zehnter Titel.

Gerichtsschreiber.

§. 68.

Die Dienstverhältnisse der Gerichtsschreiber werden durch Gesetz, die Geschäftsverhältnisse derselben durch den Justizminister bestimmt.

§. 69.

Die zur Eintragung in das Handelsregister, das Genossenschaftsregister oder das Musterregister vor dem Amtsgerichte zu erklärenden Anmeldungen, einschließlich der Zeichnung von Firmen und Unterschriften, können vor dem Gerichtsschreiber des Amtsgerichts erfolgen.

§. 70.

Die Gerichtsschreiber bei den Amtsgerichten sind zuständig, Wechselproteste aufzunehmen, sowie Siegelungen, Entsiegelungen und Inventuren vorzunehmen. Sie sollen sich solchen Geschäften nur auf Anordnung des Richters unterziehen.

Die im Bezirke des Appellationsgerichtshofes zu Cöln geltenden Vorschriften über die ausschließliche Zuständigkeit der Notare zur Aufnahme authentischer Inventare, sowie über die bei Siegelungen und Entsiegelungen stattfindende Abnahme der Eide durch den Richter bleiben unberührt.

§. 71.

Die Gerichtsschreiber bei den Amtsgerichten sind verpflichtet, in gerichtlichen Angelegenheiten, welche von den Deutschen Prozeßordnungen nicht betroffen werden, Gesuche zu Protokoll zu nehmen. Das Protokoll ist erforderlichenfalls der zuständigen Stelle zu übersenden.

§. 72.

Die im Bezirke des Appellationsgerichtshofes zu Cöln bestehenden Bestimmungen, nach welchen den Gerichtsschreibern die Vornahme von öffentlichen Versteigerungen im Auftrage der Parteien zusteht, werden aufgehoben.

Elfter Titel.

Gerichtsvollzieher.

§. 73.

Die Dienst- und Geschäftsverhältnisse der Gerichtsvollzieher werden durch den Justizminister bestimmt.

§. 74.

Die Gerichtsvollzieher sind zuständig:

1) Wechselproteste aufzunehmen;
2) freiwillige Versteigerungen von Mobilien, von Früchten auf dem Halm und von Holz auf dem Stamme vorzunehmen;
3) Siegelungen, Entsiegelungen und Inventuren im Auftrage des Gerichts oder des Konkursverwalters vorzunehmen.

Die im Bezirke des Appellationsgerichtshofes zu Cöln geltenden Vorschriften über die ausschließliche Zuständigkeit der Notare zur Aufnahme authentischer Inventare, sowie über die bei Siegelungen und Entsiegelungen stattfindende Abnahme der Eide durch den Richter bleiben unberührt.

§. 75.

Die im Bezirke des Appellationsgerichtshofes zu Cöln bestehenden Vorschriften, nach welchen die Gerichtsvollzieher noch für andere Geschäfte zuständig sind, bleiben unberührt.

§. 76.

Die Vorschriften des §. 156 des Deutschen Gerichtsverfassungsgesetzes finden in den durch die Deutschen Prozeßordnungen nicht betroffenen Angelegenheiten entsprechende Anwendung.

Zwölfter Titel.

Justizverwaltung.

§. 77.

Die Vorstände der Gerichte und der Staatsanwaltschaften sind nach näherer Bestimmung des Justizministers die Organe desselben bei den Geschäften der Justizverwaltung. Sie können bei Erledigung dieser Geschäfte die Mitwirkung der ihrer Aufsicht unterstellten Beamten in Anspruch nehmen.

§. 78.

Das Recht der Aufsicht steht zu:

1) dem Justizminister hinsichtlich sämmtlicher Gerichte und Staatsanwaltschaften;
2) dem Präsidenten des Oberlandesgerichts hinsichtlich dieses Gerichts, sowie der Gerichte des Bezirks;
3) dem Präsidenten des Landgerichts hinsichtlich dieses Gerichts, sowie der Gerichte des Bezirks;
4) dem Oberstaatsanwalt und dem Ersten Staatsanwalt hinsichtlich der Staatsanwaltschaften ihres Bezirks;
5) dem ersten Beamten der Staatsanwaltschaft bei einem Amtsgerichte hinsichtlich dieser Staatsanwaltschaft.

Das Recht der Aufsicht erstreckt sich auf alle bei den bezeichneten Behörden angestellten oder beschäftigten Beamten.

§. 79.

Bei den nur mit einem Richter besetzten Amtsgerichten steht dem Amtsrichter die Aufsicht über die bei dem Amtsgerichte angestellten oder beschäftigten Beamten zu.

Bei den mit mehreren Richtern besetzten Amtsgerichten ist die Aufsicht über die bei denselben angestellten oder beschäftigten nicht richterlichen Beamten durch den Justizminister einem der Richter zu übertragen.

§. 80.

In dem Recht der Aufsicht liegt die Befugniß, gegenüber nicht richterlichen Beamten die ordnungswidrige Ausführung eines Amtsgeschäfts zu rügen und die Erledigung eines Amtsgeschäfts durch Ordnungsstrafen bis zum Gesammtbetrage von einhundert Mark zu erzwingen. Der Festsetzung einer Strafe muß die Androhung derselben vorausgehen.

Ob und in welchem Umfange gleichartige Befugnisse gegenüber richterlichen Beamten zur Anwendung gelangen, bleibt der Bestimmung des Disciplinargesetzes vorbehalten.

§. 81.

Die im §. 80 bezeichnete Befugniß steht ferner zu:

1) den Staatsanwaltschaften bei den Oberlandesgerichten und bei den Landgerichten hinsichtlich derjenigen Beamten des Polizei- und Sicherheitsdienstes, welche Hülfsbeamte der Staatsanwaltschaft sind, mit Ausnahme

solcher Beamten, welche ihr Amt als Ehrenamt versehen;

2) den in Gemäßheit des §. 73 zu bestimmenden Beamten hinsichtlich der Gerichtsvollzieher.

§. 82.

Die Bestimmungen, nach welchen Gerichtsbeamte zum Ersatz von Schäden und Kosten im Aufsichtswege angehalten werden können, werden aufgehoben. Die Vorschriften über die Feststellung und den Ersatz der Kassendefekte bleiben unberührt.

§. 83.

Sofern die Aufsicht über besondere Gerichte bisher nicht der Justizverwaltung oder nicht ausschließlich der Justizverwaltung zustand, bleiben die das Recht der Aufsicht betreffenden Vorschriften unberührt.

§. 84.

Die Gerichte und die Staatsanwaltschaften sind verpflichtet, auf Verlangen der Aufsichtsbehörden über Angelegenheiten der Gesetzgebung und der Justizverwaltung Gutachten abzugeben.

§. 85.

Beschwerden, welche Angelegenheiten der Justizverwaltung, insbesondere den Geschäftsbetrieb und Verzögerungen betreffen, werden im Aufsichtswege erledigt.

§. 86.

Die Vertretung des Fiskus in bürgerlichen Rechtsstreitigkeiten, welche Angelegenheiten der Justizverwaltung betreffen, erfolgt durch die Bezirksregierung, in der Provinz Hannover durch die Finanzdirektion.

Dreizehnter Titel.

Rechtshülfe.

§. 87.

Die Gerichte haben sich in den Angelegenheiten, welche zu der ordentlichen streitigen Gerichtsbarkeit nicht gehören, Rechtshülfe zu leisten. Die Leistung der Rechtshülfe erfolgt unter entsprechender Anwendung der Vorschriften der §§. 158 bis 160, 162, 164, 167 des Deutschen Gerichtsverfassungsgesetzes. Eine Anfechtung der Entscheidung des Oberlandesgerichts findet in keinem Falle statt.

Vierzehnter Titel.

Oeffentlichkeit und Sitzungspolizei.

§. 88.

Die Vorschriften der §§. 177—185 des Deutschen Gerichtsverfassungsgesetzes über die Aufrechterhaltung der Ordnung finden in gerichtlichen Angelegenheiten, welche zu der ordentlichen streitigen Gerichtsbarkeit nicht gehören, entsprechende Anwendung. Sofern in diesen Angelegenheiten eine mündliche Verhandlung nach Vorschrift der Deutschen Prozeßordnungen stattfindet, erfolgt dieselbe öffentlich nach den Bestimmungen der §§. 170—176 des Deutschen Gerichtsverfassungsgesetzes. Vorstehende Bestimmungen finden auf die zur Zuständigkeit der Auseinandersetzungsbehörden gehörigen Angelegenheiten keine Anwendung.

§. 89.

Richter, Staatsanwälte und Gerichtsschreiber tragen in den öffentlichen Sitzungen eine von dem Justizminister zu bestimmende Amtstracht. Dieselbe Vorschrift findet Anwendung auf die in den öffentlichen Sitzungen der Oberlandesgerichte und Landgerichte auftretenden Rechtsanwälte.

Fünfzehnter Titel.

Berathung und Abstimmung.

§. 90.

In gerichtlichen Angelegenheiten, welche zu der ordentlichen streitigen Gerichtsbarkeit nicht gehören, erfolgt die Berathung und Abstimmung nach den Vorschriften der §§. 194—199 des Deutschen Gerichtsverfassungsgesetzes.

Sechszehnter Titel.

Gerichtsferien.

§. 91.

Auf die Angelegenheiten der nicht streitigen Gerichtsbarkeit sind die Gerichtsferien ohne Einfluß. Die Bearbeitung der Vormundschaftssachen, Nachlaßsachen, Lehns-, Familienfideikommiß- und Stiftungssachen kann während der Ferien unterbleiben, soweit das Bedürfniß einer Beschleunigung nicht vorhanden ist.

Im Uebrigen finden die Vorschriften der §§. 202—204 des Deutschen Gerichtsverfassungsgesetzes hinsichtlich der durch dieses Gesetz den ordentlichen Gerichten zugewiesenen Angelegenheiten, sowie hinsichtlich der zur Zuständigkeit des Geheimen Justizraths gehörigen Angelegenheiten entsprechende Anwendung.

Siebenzehnter Titel.

Schlußbestimmungen.

§. 92.

Die Gerichtsbarkeit für die Verhandlung und Entscheidung der vor dem Inkrafttreten dieses Gesetzes bei den aufgehobenen Gerichten anhängig gewordenen bürgerlichen Rechtsstreitigkeiten und Strafsachen wird durch ein besonderes Gesetz geregelt.

Behufs Erledigung der bezeichneten Angelegenheiten können bei den Oberlandesgerichten Hülfssenate und bei den Landgerichten Hülfskammern gebildet werden.

Ueber die Nothwendigkeit der Bildung von Hülfssenaten und Hülfskammern sowie die Zutheilung der Geschäfte an dieselben bestimmt der Justizminister. Mit der Wahrnehmung der richterlichen Geschäfte in den Hülfssenaten und Hülfskammern können auch die zur Verfügung des Justizministers verbleibenden Richter (§§. 99, 100) beauftragt werden.

Die Ernennung des Vorsitzenden und der Auftrag an die vorbezeichneten Richter erfolgt durch den Justizminister und ist bis zu dem Zeitpunkte unwiderruflich, in welchem die Wahrnehmung ihrer Thätigkeit in den Hülfssenaten und Hülfskammern nicht mehr erforderlich ist.

Sind zur Mitwirkung in den Hülfssenaten und Hülfskammern auch Mitglieder der betreffenden Oberlandesgerichte und Landgerichte nach Ablauf des ersten Geschäftsjahres erforderlich, so erfolgt die Bezeichnung derselben durch das Präsidium des Gerichts.

§. 93.

Ist in Sachen der nicht streitigen Gerichtsbarkeit gegen eine vor dem Inkrafttreten dieses Gesetzes erlassene Entscheidung zweiter Instanz nach den bisher geltenden Vorschriften ein weiteres Rechtsmittel zulässig, so gehört die Verhandlung und Entscheidung desselben zur Zuständigkeit des Oberlandesgerichts.

§. 94.

Die bei einem aufgehobenen Gerichte bisher geführte Verwaltung oder Beaufsichtigung von Stiftungen geht auf das Amtsgericht des Orts über, an welchem das aufgehobene Gericht seinen Sitz hatte. Durch den Justizminister kann ein anderes Amtsgericht, ein Landgericht oder ein Oberlandesgericht mit der Verwaltung oder Beaufsichtigung beauftragt werden.

§. 95.

Die bei den aufgehobenen Behörden etatsmäßig angestellten Beamten müssen sich ihre anderweite Verwendung nach Maßgabe der in den §§. 96—104 enthaltenen Vorschriften gefallen lassen.

§. 96.

Die Mitglieder des Obertribunals und der Staatsanwaltschaft bei demselben sind, sofern sie nicht bei dem Reichsgericht angestellt werden, als Mitglieder der Oberlandesgerichte anzustellen, der Präsident, die Vizepräsidenten und der Generalstaatsanwalt als Präsidenten.

§. 97.

Die Präsidenten der Appellationsgerichte und der Generalprokurator sind mindestens als Senatspräsidenten der Oberlandesgerichte, die Vizepräsidenten und Senatspräsidenten der Appellationsgerichte, der Kron-Oberanwalt und der erste Generaladvokat, sowie die Präsidenten der Kollegialgerichte erster Instanz und die Obergerichtsdirektoren mindestens als Direktoren der Landgerichte oder als Räthe der Oberlandesgerichte anzustellen.

§. 98.

Die übrigen Richter sind als Richter, die übrigen Beamten der Staatsanwaltschaft als Richter oder als Beamte der Staatsanwaltschaft anzustellen.

Direktoren und Räthe der Appellationsgerichte, Oberstaatsanwälte, Oberprokuratoren, Generaladvokaten, Kammerpräsidenten bei den Landgerichten, Obergerichts-Vizedirektoren, Direktoren bei den Kollegialgerichten der ersten Instanz, Erste Staatsanwälte bei den Stadtgerichten und Mitglieder des ehemaligen Lauenburgischen Hofgerichts sollen nicht ohne ihren Willen als Amtsrichter angestellt werden.

§. 99.

Mitglieder des Obertribunals und der Staatsanwaltschaft bei demselben, Präsidenten der Appellationsgerichte, der Generalprokurator und der Kron-Oberanwalt werden, sofern sie nicht anderweit angestellt werden, in den Ruhestand versetzt.

Die übrigen Richter und Staatsanwälte bleiben, sofern sie nicht anderweit angestellt oder in den Ruhestand versetzt werden, während eines Zeitraums von drei Jahren zur Verfügung des Justizministers und werden auf einem besonderen Etat geführt.

Diejenigen, welche während des dreijährigen Zeitraums eine etatsmäßige Anstellung nicht erhalten, treten nach Ablauf desselben in den Ruhestand.

§. 100.

Die zur Verfügung des Justizministers verbleibenden Richter und Staatsanwälte haben sich nach der Anordnung desselben der zeitweiligen Wahrnehmung solcher Aemter zu unterziehen, zu deren dauernder Uebernahme sie verpflichtet sein würden.

Erfolgt die Beschäftigung außerhalb des Ortes ihrer letzten Anstellung, so erhalten dieselben die gesetzmäßigen Reisekosten und Tagegelder. Beamte, welche das 65. Lebensjahr erreicht haben, sollen ohne ihren Willen außerhalb des Orts ihrer letzten Anstellung nicht beschäftigt werden.

§. 101.

Die anderweit angestellten Richter und Staatsanwälte behalten ihren Rang. Das Diensteinkommen darf nicht verkürzt werden. Als eine Verkürzung im Einkommen ist es nicht anzusehen, wenn die Gelegenheit zur Verwaltung von Nebenämtern entzogen wird, oder die Beziehung der für die Dienstunkosten besonders ausgesetzten Einnahmen mit diesen Unkosten selbst fortfällt.

Der Wohnungsgeldzuschuß wird nach der Servisklasse des Orts der neuen Anstellung gewährt. An Stelle einer etatsmäßig gewährten freien Dienstwohnung oder Miethsentschädigung tritt entweder freie Dienstwohnung oder Miethsentschädigung nach der Servisklasse des Orts der neuen Anstellung. Im Uebrigen erfolgt die Berechnung des Diensteinkommens nach den für den Fall der Pensionirung maßgebenden Grundsätzen.

§. 102.

Auf Richter und Staatsanwälte, welche in Gemäßheit der Bestimmungen dieses Gesetzes in den Ruhestand treten oder zur Verfügung des Justizministers verbleiben, auf letztere auch dann, wenn sie während des in §. 99 Absatz 2 bezeichneten dreijährigen Zeitraums dienstunfähig werden, finden die Vorschriften des §. 101 mit folgenden Maßgaben Anwendung:

Den in den Ruhestand tretenden Beamten ist der Wohnungsgeldzuschuß nach den für den Fall der Pensionirung geltenden Durchschnittssätzen zu gewähren. Ein hiernach zu bemessender Wohnungsgeldzuschuß tritt auch an die Stelle einer etatsmäßig gewährten freien Dienstwohnung oder Miethsentschädigung.

Während des dreijährigen Zeitraums ist den zur Verfügung des Justizministers stehenden Beamten der Wohnungsgeldzuschuß in dem bisherigen Betrage fortzugewähren.

§. 103.

Die nicht im höheren Justizdienst angestellten Beamten sind ihren bisherigen Verhältnissen, ihren Fähigkeiten und ihrem Dienstalter thunlichst entsprechend anzustellen.

Auf die anderweit angestellten Beamten findet §. 101 entsprechende Anwendung.

§. 104.

Die nicht im höheren Justizdienst angestellten Beamten, welche eine anderweite Anstellung nicht erhalten, werden einstweilen in den Ruhestand versetzt.

Denselben ist vorbehaltlich weitergehender wohlerworbener Rechte ein nach dem §. 26 des Gesetzes vom 31. März 1873, betreffend die Rechtsverhältnisse der Reichsbeamten, zu bemessendes Wartegeld zu gewähren. Die Berechnung des dem Wartegeld zu Grunde zu legenden Diensteinkommens erfolgt nach den für den Fall der Pensionirung maßgebenden Grundsätzen.

Der Wohnungsgeldzuschuß ist mit dem für die Pensionirung geltenden Durchschnittssatze dem übrigen Diensteinkommen hinzuzurechnen.

Sie haben sich nach Anordnung des Justizministers der zeitweiligen Wahrnehmung solcher Aemter zu unterziehen, welche ihren Fähigkeiten und ihren bisherigen Verhältnissen entsprechen.

Während der Dauer dieser Beschäftigung erhalten sie ihr früheres Diensteinkommen unverkürzt und, sofern die Beschäftigung außerhalb des Ortes ihrer letzten Anstellung erfolgt, die gesetzmäßigen Reisekosten und eine von der Justizverwaltung nach dem erforderlichen Mehraufwande festzusetzende Entschädigung.

§. 105.

Den Justizbeamten, welche zu den im §. 2 des Gesetzes vom 27. März 1872 (Gesetz-Samml. S. 268) bezeichneten Beamten gehören, kann ein Wartegeld bis auf Höhe des Pensionsbetrages bewilligt werden.

§. 106.

Die Zuständigkeit der Gerichte, im Verwaltungswege Stempelstrafen festzusetzen, wird aufgehoben. Die Gerichte sollen die zu ihrer amtlichen Kenntniß gelangenden Zuwiderhandlungen gegen die Stempelgesetze bei der für die Untersuchung und Straffestsetzung zuständigen Behörde zur Anzeige bringen.

Unberührt bleiben die Vorschriften über die Festsetzung von Stempelstrafen gegen Beamte durch die vorgesetzte Dienstbehörde.

§. 107.

Die im §. 84 des Reichsgesetzes vom 6. Februar 1875, betreffend die Beurkundung des Personenstandes und die Eheschließung, der Landes-Centralbehörde übertragenen Befugnisse werden von den Bestimmungen dieses Gesetzes nicht berührt.

In dem Bezirke des Appellationsgerichts zu Frankfurt a. M. gehört die Aufsicht über die Amtsführung der Standesbeamten fernerhin nicht zur Zuständigkeit der Gerichte.

§. 108.

Für die Vornahme von Siegelungen und Entsiegelungen im Auftrage des Gerichts oder des Konkursverwalters, einschließlich der Abnahme der in der Rheinischen Civilprozeßordnung vorgeschriebenen Eide, sind auch die Notare zuständig.

§. 109.

In dem Bezirke des Appellationsgerichts zu Frankfurt a. M. findet eine Mitwirkung der Wechselnotare bei der Führung des Handelsregisters, des Genossenschaftsregisters und des Musterregisters fernerhin nicht statt.

§. 110.

Die Gerichtsbarkeit der Disziplinargerichte und der Militärgerichte, sowie die gesetzlichen Bestimmungen über Kriegsgerichte werden von den Vorschriften dieses Gesetzes nicht berührt.

§. 111.

An die Stelle des §. 3 des Gesetzes vom 8. Juni 1860, betreffend die Befugniß der Auditeure zur Aufnahme von Akten der freiwilligen Gerichtsbarkeit, die Förmlichkeiten der militärischen Testamente und die bürgerliche Gerichtsbarkeit über preußische Garnisonen im Auslande (Gesetz-Samml. S. 240), tritt folgende Bestimmung:

> Die aufgenommenen Verhandlungen (§. 1) der freiwilligen Gerichtsbarkeit, sofern sie nicht blos die Erledigung von Requisitionen betreffen, sind von den Auditeuren, nachdem die etwa erforderlichen Ausfertigungen ertheilt worden, dem Amtsgerichte, in dessen Bezirk der betreffende Truppentheil sein Standquartier hat, zur Aufbewahrung und weiteren gesetzlichen Veranlassung zu übersenden.
>
> Ist das Standquartier im Bezirk des Oberlandesgerichts zu Cöln, so geschieht die Uebersendung an das Amtsgericht zu Wesel.

§. 112.

Dieses Gesetz tritt gleichzeitig mit dem Deutschen Gerichtsverfassungsgesetze in Kraft.

Urkundlich unter Unserer Höchsteigenhändigen Unterschrift und beigedrucktem Königlichen Insiegel.

Gegeben Berlin, den 24. April 1878.

(L. S.) **Wilhelm.**

Fürst v. Bismarck. Leonhardt. Falk. v. Kameke.
Friedenthal. v. Bülow. Hofmann.
Gr. zu Eulenburg. Maybach. Hobrecht.

III.

Gesetz,

betreffend die

Dienstverhältnisse der Gerichtsschreiber

vom 3. März 1879.

III.

Gesetz,

betreffend die

Dienstverhältnisse der Gerichtsschreiber

vom 3. März 1879.

Wir Wilhelm, von Gottes Gnaden König von Preußen ꝛc. verordnen, unter Zustimmung beider Häuser des Landtags der Monarchie, was folgt:

§. 1.

Zum Gerichtsschreiber kann nur ernannt werden, wer

1. das einundzwanzigste Lebensjahr vollendet hat,
2. die aktive Dienstpflicht im stehenden Heere oder in der Flotte erfüllt hat oder von derselben für die Friedenszeit endgültig befreit ist, und
3. eine Prüfung bestanden hat.

Referendare sind von Ablegung dieser Prüfung befreit, wenn sie im richterlichen Vorbereitungsdienste seit mindestens zwei Jahren beschäftigt gewesen sind.

§. 2.

Der Prüfung muß ein zweijähriger Vorbereitungsdienst vorangehen.

Wer die erste juristische Prüfung bestanden hat, kann nach sechsmonatiger Beschäftigung im Gerichtsschreiberdienste zur Prüfung zugelassen werden.

§. 3.

Die Prüfung wird bei den Oberlandesgerichten oder bei Landgerichten, welche der Justizminister bezeichnet, abgelegt.

Die Prüfung ist eine schriftliche und eine mündliche. Sie ist darauf zu richten, ob der Bewerber die für sämmtliche Zweige des Gerichtsschreiberdienstes und des Bureaudienstes bei den Staatsanwaltschaften erforderliche Kenntniß und praktische Gewandtheit sich erworben hat.

§. 4.

Neben den Gerichtsschreibern können Gerichtsschreibergehülfen ernannt werden.

Zu Gerichtsschreibergehülfen dürfen nur Personen ernannt werden, welche die Prüfung als Gerichtsschreiber (§. 1) oder eine besondere Prüfung bestanden haben.

Die näheren Vorschriften über diese Prüfung und die sonstigen Bestimmungen über die Befähigung zur Bekleidung der Stelle eines Gerichtsschreibergehülfen werden von dem Justizminister erlassen.

§. 5.

Die Gerichtsschreibergehülfen sind zur Wahrnehmung der Gerichtsschreibergeschäfte befähigt.

Zur Ertheilung von vollstreckbaren Ausfertigungen und von Zeugnissen, welche sich auf die Rechtskraft der Urtheile beziehen, sowie zur Wahrnehmung der Geschäfte des Grundbuchführers und der in den §§. 69, 70 Abs. 1 des Ausführungsgesetzes zum Deutschen Gerichtsverfassungsgesetze vom 24. April 1878 bezeichneten Geschäfte, im Bezirke des Appellationsgerichtshofes zu Cöln zur Führung des durch Artikel 784 des rheinischen Civilgesetzbuchs vorgeschriebenen Registers, sollen jedoch nur diejenigen verwendet werden, welche, abgesehen von der Erledigung der aktiven Dienstpflicht, die Vorbedingungen für die Anstellung als Gerichtsschreiber erfüllt haben.

§. 6.

Die Gerichtsschreiber und die Gerichtsschreibergehülfen werden von dem Justizminister ernannt. Derselbe kann die Ernennungsbefugniß den Vorständen der Provinzialjustizbehörden übertragen.

§. 7.

Die Gerichtsschreiber und Gerichtsschreibergehülfen werden gegen festes Gehalt auf Lebenszeit angestellt. Die Anstellung der Gerichtsschreibergehülfen kann auch gegen Diäten auf Kündigung erfolgen.

§. 8.

Die Gerichtsschreiber bei den Amtsgerichten sind verpflichtet, auf Verlangen der Justizverwaltung gegen eine von derselben festzusetzende Entschädigung

1. die bei Beschaffung des Schreibwerks erforderlichen Hülfskräfte zu stellen und die Bestreitung der mit dem Schreibwerk verbundenen sächlichen Kosten zu übernehmen,
2. die erforderlichen Hülfskräfte für die Bureaugeschäfte zu stellen.

Die von den Gerichtsschreibern angenommenen Personen gelten als deren Privatgehülfen und sind zur selbstständigen Thätigkeit im Gerichtsschreiberdienste nicht befugt.

§. 9.

Die Vorschriften über die Befähigung zur einstweiligen Wahrnehmung der Gerichtsschreibergeschäfte werden, vorbehaltlich der Vorschrift im §. 8 Abs. 2 des Gesetzes vom 6. Mai 1869, sowie der nachstehenden Bestimmungen von dem Justizminister erlassen.

Für einzelne dringende Geschäfte kann die Vertretung eines behinderten Gerichtsschreibers durch eine jede von dem Richter berufene Person erfolgen.

Die Gerichtsschreibergeschäfte dürfen in jedem Falle nur von Personen wahrgenommen werden, welche den allgemeinen Diensteid geleistet haben oder dahin beeidigt sind, daß sie die Pflichten eines Gerichtsschreibers getreulich erfüllen wollen.

§. 10.

Beamte, welche bei den durch das Ausführungsgesetz zum Deutschen Gerichtsverfassungsgesetz vom 24. April 1878 aufgehobenen Gerichten und Staatsanwaltschaften eine dem Gerichtsschreiberamte oder dem Amte eines Bureaubeamten bei der Staatsanwaltschaft entsprechende Stelle bekleidet haben, können ohne Erfüllung der im §. 1 bezeichneten Erfordernisse zu Gerichtsschreibern ernannt werden.

§. 11.

Personen, welche vor dem Inkrafttreten des Deutschen Gerichtsverfassungsgesetzes auf Grund der bisherigen Vorschriften die Befähigung zur Bekleidung einer dem Gerichtsschreiberamte entsprechenden Stelle durch Ablegung einer Prüfung oder durch Erklärung der vorgesetzten Behörde erworben haben, können ohne Erfüllung des im §. 1 Nr. 3 bezeichneten Erfordernisses zu Gerichtsschreibern ernannt werden.

§. 12.

Die Bezeichnung der Stellen, welche im Sinne der §§. 10, 11 dem Gerichtsschreiberamte oder dem Amte eines Bureaubeamten bei der Staatsanwaltschaft entsprechen, erfolgt durch den Justizminister.

§. 13.

Die Bestimmungen darüber, unter welchen Voraussetzungen die bei den aufgehobenen Gerichten und Staatsanwaltschaften vorhandenen Bureaubeamten, welche nicht zu den in den §§. 10, 11 bezeichneten gehören, ohne Ablegung der im §. 4 vorgeschriebenen Prüfung zu Gerichtsschreibergehülfen ernannt werden können, werden von dem Justizminister erlassen.

§. 14.

Die §§. 1 bis 3, 9 bis 12 finden auch auf die Dienstverhältnisse der Gerichtsschreiber bei den Gewerbegerichten im Bezirk des Oberlandesgerichts zu Cöln Anwendung. Im Uebrigen werden die Dienstverhältnisse derselben von den Bestimmungen dieses Gesetzes nicht berührt.

§. 15.

Die zur Ausführung dieses Gesetzes erforderlichen Vorschriften werden von dem Justizminister erlassen.

§. 16.

Dieses Gesetz tritt gleichzeitig mit dem Deutschen Gerichtsverfassungsgesetze in Kraft.

Urkundlich unter Unserer Höchsteigenhändigen Unterschrift und beigedrucktem Königlichen Insiegel.

Gegeben Berlin, den 3. März 1879.

(L. S.) **Wilhelm.**

Gr. zu Stolberg. Leonhardt. Falk. v. Kameke.
Friedenthal. v. Bülow. Hofmann.
Gr. zu Eulenburg. Maybach. Hobrecht.

IV.

Gesetz,

betreffend

die Zwangsvollstreckung in das unbewegliche Vermögen

vom 4. März 1879.

IV.

Gesetz,

betreffend

die Zwangsvollstreckung in das unbewegliche Vermögen

vom 4. März 1879.

Wir Wilhelm, von Gottes Gnaden König von Preußen ꝛc. verordnen, unter Zustimmung der beiden Häuser des Landtages der Monarchie, was folgt:

I. Allgemeine Bestimmungen.

§. 1.

In Ansehung der Zwangsvollstreckung gehören zum unbeweglichen Vermögen außer Grundstücken diejenigen Sachen und Rechte, deren Zwangsverkauf nach den bestehenden Vorschriften in dem für den Zwangsverkauf von Grundstücken bestimmten Verfahren erfolgt.

Zu der Immobiliarmasse gehören auch diejenigen beweglichen Gegenstände, auf welche das bezüglich eines unbeweglichen Gegenstandes bestehende Pfand- oder Vorzugsrecht kraft Gesetzes sich mit erstreckt.

§. 2.

Neben den allgemeinen Bestimmungen der Deutschen Civilprozeßordnung über die Zwangsvollstreckung finden auf die Zwangsvollstreckung in das unbewegliche Vermögen die nachstehenden Vorschriften Anwendung.

§. 3.

Die Vorschriften des §. 755 Abs. 2 und des §. 756 der Deutschen Civilprozeßordnung finden bei der Zwangsvollstreckung in Gegenstände des unbeweglichen Vermögens außer Grundstücken entsprechende Anwendung.

§. 4.

Die Entscheidung über den Antrag, nach Maßgabe des §. 756 der Deutschen Civilprozeßordnung ein Gericht zum Vollstreckungsgerichte zu bestellen, kann ohne vorgängige mündliche Verhandlung erfolgen.

Der Beschluß ist von Amtswegen zuzustellen.

Eine Anfechtung des Beschlusses, durch welchen das Vollstreckungsgericht bestellt wird, findet nicht statt.

§. 5.

Die in den einzelnen Landestheilen bestehenden Vorschriften über die Zulässigkeit der Zwangsvollstreckung in das unbewegliche Vermögen aus anderen als den in den §§. 644, 702 der Deutschen Civilprozeßordnung bezeichneten Titeln bleiben, unbeschadet der Vorschriften des §. 660 der Deutschen Civilprozeßordnung, in Kraft.

§. 6.

Die Zulässigkeit der verschiedenen Arten der Zwangsvollstreckung in das unbewegliche Vermögen bestimmt sich nach den in den einzelnen Landestheilen bestehenden Vorschriften.

Die Zulässigkeit ist jedoch nicht davon abhängig, daß die Zwangsvollstreckung in das bewegliche Vermögen ohne Erfolg stattgefunden hat.

§. 7.

Die Ausführung einer angeordneten Maßregel der Zwangsvollstreckung erfolgt nach den in den einzelnen Landestheilen bestehenden Vorschriften, soweit nicht aus den nachfolgenden §§. 8 bis 21 sich Abweichungen ergeben.

§. 8.

Zustellungen erfolgen nach den Vorschriften der Deutschen Civilprozeßordnung, sofern dieselben nach den bisherigen Vorschriften durch Aufgabe zur Post bewirkt werden können, nach den Vorschriften der §§. 161, 175 derselben.

Bei der Zustellung durch Aufgabe zur Post sind die Postsendungen mit der Bezeichnung „Einschreiben" zu versehen.

Unberührt bleibt die bestehende Verpflichtung der Gerichte, Zustellungen und Behändigungen von Amtswegen zu betreiben.

§. 9.

Die bei der Ausführung einer Vollstreckungsmaßregel den Gerichten zustehenden Entscheidungen, insbesondere über den bei der Zwangsversteigerung zu ertheilenden Zuschlag, erfolgen durch das Vollstreckungsgericht. Die Entscheidungen können ohne vorgängige mündliche Verhandlung erfolgen. Gegen dieselben findet nur sofortige Beschwerde statt. Wird gegen die Ertheilung des Zuschlages rechtzeitig Beschwerde eingelegt, so dürfen vor Erledigung der Beschwerde Eintragungen im Grund- oder Hypothekenbuche auf Grund des Zuschlags nur nach Maßgabe des §. 658 der Deutschen Civilprozeßordnung erfolgen.

Die in den §§. 668, 686 bis 690, 696 der Deutschen Civilprozeßordnung bezeichneten Einwendungen und Widersprüche sind nach den Vorschriften dieser Paragraphen zu erledigen.

§. 10.

Die Einstellung des Verfahrens wegen der in den §§. 668, 686 bis 690, 696 der Deutschen Civilprozeßordnung bezeichneten Einwendungen und Widersprüche erfolgt nur nach den Vorschriften dieser Paragraphen und der §§. 691, 692 daselbst.

In den Fällen der Nr. 4, 5 des §. 691 erfolgt die Einstellung des Verfahrens nur auf Grund einer nach den Vorschriften des §. 688 zu erlassenden Anordnung.

Ob die Einstellung der Zwangsversteigerung von einem bestimmten Abschnitte des Verfahrens an überhaupt nicht mehr stattfindet, bestimmt sich nach den bisherigen Vorschriften.

§. 11.

Die Vorschriften der §§. 2 bis 5 der Schleswig-Holsteinischen Verordnung vom 14. April 1840 bleiben in Kraft.

§. 12.

Die bisherigen Vorschriften, nach welchen die Zustellung einer verkündeten Entscheidung nicht erforderlich ist, bleiben in Kraft.

Insoweit die Zustellung nicht erforderlich ist, beginnt die Nothfrist der sofortigen Beschwerde mit der Verkündung der Entscheidung.

§. 13.

Im Verfahren der Zwangsversteigerung kann der Versteigerungstermin nach dem Ermessen des Gerichts an der Gerichtsstelle oder an einem anderen Orte des Gerichtsbezirks anberaumt werden.

§. 14.

Ist im Verfahren der Zwangsversteigerung der gerichtliche Zuschlag versagt und gegen die Entscheidung Beschwerde innerhalb der Nothfrist nicht eingelegt worden, so ist der Bieter an sein Gebot nicht mehr gebunden.

§. 15.

Wird ein in der Zwangsversteigerung den Zuschlag ertheilendes Urtheil aufgehoben, so ist auf Antrag auch über Rückgewähr des auf Grund des Urtheils Gezahlten oder Geleisteten zu entscheiden.

§. 16.

Ist mit der Zwangsvollstreckung ein Aufgebotsverfahren verbunden, so ist eine Anmeldung, welche vor Erlaß des Ausschlußurtheils erfolgt als eine rechtzeitige anzusehen.

Die Anfechtung des Ausschlußurtheils erfolgt nur nach den Vorschriften der §§. 834, 835 der Deutschen Civilprozeßordnung.

§. 17.

Das nach §. 8 der Rheinischen Subhastationsordnung den Hypothekengläubigern zustehende Recht auf Beschlagnahme von Miethen und Pächten, sowie auf Einerntung und Verkauf von Früchten ist durch den Antrag auf Erlaß einer einstweiligen Verfügung nach den Vorschriften der §§. 815 bis 822 der Deutschen Civilprozeßordnung geltend zu machen.

§. 18.

Vertheilungsstreitigkeiten (Streitigkeiten über die Richtigkeit oder das Vorrecht einer Forderung) sind in besonderen Prozessen zu erledigen.

Die Vorschriften des §. 764 der Deutschen Civilprozeßordnung sind hierbei anzuwenden. Erforderlichen Falls bestimmt das Vollstreckungsgericht, welcher der streitenden Theile Klage zu erheben hat.

Die bestehenden Vorschriften, nach welchen die Vertheilung durch den Widerspruch eines Betheiligten nicht gehemmt wird, bleiben in Kraft.

§. 19.

Das Aufgebot der bei einer Vertheilung gebildeten Spezialmassen erfolgt nach den Vorschriften über das Aufgebotsverfahren zum Zwecke der Kraftloserklärung von Urkunden über Ansprüche, welche in einem Grund- oder Hypothekenbuch eingetragen sind.

§. 20.

Die Anordnung des anderweiten Verkaufs eines versteigerten Gegenstandes wegen unterlassener Erfüllung der Kaufbedingungen erfolgt nach den bisherigen Vorschriften.

§. 21.

Die nach den bestehenden Vorschriften zulässige Zwangsvollstreckung wegen des Kaufgeldes eines versteigerten Gegenstandes erfolgt auf Grund einer vollstreckbaren Ausfertigung des Zuschlagsurtheils.

Die Ueberweisung des Kaufgeldes an den Gläubiger ist in der Vollstreckungsklausel zu erwähnen. Die Zustellung einer Urkunde über die Ueberweisung ist nicht erforderlich.

§. 22.

Die nach den bestehenden Vorschriften im Wege der Zwangsvollstreckung zu beanspruchende Eintragung einer vollstreckbaren Forderung in einem Grund- oder Hypothekenbuche erfolgt auf den unmittelbar an den Grund- oder Hypothekenbuchrichter zu richtenden Antrag des Gläubigers. Die Beglaubigung des Antrags ist nicht erforderlich.

Die auf Grund erkannter Immission zulässige Eintragung erfolgt auf das von Amtswegen zu erlassende Ersuchen des Vollstreckungsgerichts.

Aus einem nur vorläufig vollstreckbaren Urtheil ist nur eine Vormerkung einzutragen.

§. 23.

Insoweit nach den bisherigen Vorschriften die Zwangsvollstreckung in bewegliche Gegenstände, welche zur Immobiliarmasse gehören, nach den Vorschriften über die Zwangsvollstreckung in das bewegliche Vermögen zu erledigen ist, finden lediglich die Vorschriften der Deutschen Civilprozeßordnung, des Ausführungsgesetzes zu derselben und des Gesetzes, betreffend die Uebergangsbestimmungen zur Deutschen Civilprozeßordnung und Deutschen Strafprozeßordnung über die Zwangsvollstreckung in das bewegliche Vermögen Anwendung.

§. 24.

Die Vollziehung von Arresten in unbewegliches Vermögen

bestimmt sich nach den in den einzelnen Landestheilen bestehenden Vorschriften.

§. 25.

Das Rangordnungsverfahren der Rheinischen Civilprozeßordnung gehört zur Zuständigkeit der Landgerichte. Gegen die Entscheidung des beauftragten Richters findet vorbehaltlich der weiteren Bestimmungen dieses Paragraphen sofortige Beschwerde nach den Vorschriften der Deutschen Civilprozeßordnung statt.

Ueber Einsprüche gegen den vorläufigen Rangordnungsplan ist in besonderen Prozessen zu entscheiden. Die §§. 764 bis 768 der Deutschen Civilprozeßordnung finden entsprechende Anwendung.

Die Zinsen des zu einer Zahlungsanweisung berechtigten Gläubigers laufen bis zu dem Tage, an welchem nach Feststellung des Anspruchs und der vorgehenden Ansprüche die endgültige Zahlungsanweisung beansprucht werden kann.

II. Uebergangsbestimmungen.

§. 26.

Die Vorschriften der §§. 19 bis 23 des Gesetzes, betreffend die Uebergangsbestimmungen zur Deutschen Civilprozeßordnung und Deutschen Strafprozeßordnung, finden auf die Zwangsvollstreckung in das unbewegliche Vermögen entsprechende Anwendung.

Die Zulässigkeit von Einwendungen gegen einen nach den bisherigen Vorschriften vollstreckbar gewordenen Anspruch bestimmt sich nach den bisherigen Vorschriften.

Die Vorschriften der Rheinischen Civilprozeßordnung über die Einstellung der Zwangsvollstreckung auf Grund der Einlegung eines Rechtsmittels gegen ein nach den bisherigen Vorschriften erlassenes Urtheil bleiben in Kraft.

§. 27.

Eine vor dem Inkrafttreten dieses Gesetzes beantragte Zwangsvollstreckung und ein Rangordnungsverfahren, für welches vor dem erwähnten Zeitpunkte die Ernennung eines Richterkommissars nach Artikel 751 der Rheinischen Civilprozeßordnung stattgefunden hat, sind nach den bisherigen Vorschriften zu erledigen, soweit nicht in den nachfolgenden §§. 28 bis 35 etwas Anderes bestimmt ist.

§. 28.

Die Erledigung einer vor dem Inkrafttreten dieses Gesetzes beantragten Zwangsvollstreckung in das unbewegliche Vermögen erfolgt durch die Amtsgerichte.

Die örtliche Zuständigkeit der Amtsgerichte bestimmt sich nach den §§. 684, 755 der Deutschen Civilprozeßordnung.

§. 29.

Die Zuständigkeit der Gerichte für die Entscheidung über den bei der Zwangsversteigerung zu ertheilenden Zuschlag und für die Entscheidung über Streitigkeiten, welche nicht durch eine besonders zu erhebende Klage zu erledigen sind, bestimmt sich nach den bisherigen Vorschriften unter Anwendung der §§. 7 bis 12 des Gesetzes, betreffend die Uebergangsbestimmungen zur Deutschen Civilprozeßordnung und Deutschen Strafprozeßordnung.

§. 30.

Die Gerichtsbarkeit für die Verhandlung und Entscheidung derjenigen Streitigkeiten, welche nach den bisherigen Vorschriften von dem Obertribunal zu erledigen gewesen wären, wird durch ein besonderes Gesetz geregelt, sofern diese Gerichtsbarkeit nicht in Gemäßheit des §. 15 des Einführungsgesetzes zum Deutschen Gerichtsverfassungsgesetze dem Reichsgericht übertragen wird.

§. 31.

Rücksichtlich der Zustellungen in einem nach den bisherigen Vorschriften zu erledigenden Verfahren finden die Vorschriften des §. 2 des Gesetzes, betreffend die Uebergangsbestimmungen zur Deutschen Civilprozeßordnung und Deutschen Strafprozeßordnung, und die Vorschriften des §. 8 des gegenwärtigen Gesetzes Anwendung.

§. 32.

Die Vorschriften der Deutschen Civilprozeßordnung über die Einstellung, Beschränkung und Aufhebung der Zwangsvollstreckung finden auch dann Anwendung, wenn die Zwangsvollstreckung im Uebrigen nach den bisherigen Vorschriften zu erledigen ist.

§. 33.

Wird das Aufgebot der bei einer Vertheilung gebildeten Spezialmasse nach dem Inkrafttreten dieses Gesetzes beantragt, so findet der §. 19 dieses Gesetzes Anwendung.

§. 34.

Der Beitritt zu einer vor dem Inkrafttreten dieses Gesetzes beantragten Zwangsvollstreckung erfolgt nach den Vorschriften des §. 755 der Deutschen Civilprozeßordnung und des §. 3 dieses Gesetzes.

§. 35.

Auf Streitigkeiten, welche durch eine besonders zu erhebende Klage zu erledigen sind, finden, unbeschadet der bisherigen Vorschriften über die örtliche Zuständigkeit des mit der Zwangsvollstreckung befaßten Gerichts, die Vorschriften der Deutschen Civilprozeßordnung oder, wenn der Rechtsstreit vor dem Inkrafttreten dieses Gesetzes anhängig geworden ist, die Vorschriften des Gesetzes, betreffend die Uebergangsbestimmungen zur Deutschen Civilprozeßordnung und Deutschen Strafprozeßordnung, Anwendung.

III. Schlußbestimmungen.

§. 36.

Die Vorschriften der §§. 755 bis 757 der Deutschen Civilprozeßordnung und dieses Gesetzes finden entsprechende Anwendung:

1. auf solche Zwangsversteigerungen, welche nicht im Wege der Zwangsvollstreckung wegen Geldforderungen beantragt sind;
2. auf ein Rangordnungsverfahren (§. 25), welches nicht in Folge der Zwangsvollstreckung beantragt ist.

§. 37.

Dieses Gesetz tritt gleichzeitig mit dem Deutschen Gerichtsverfassungsgesetze in Kraft.

Urkundlich unter Unserer Höchsteigenhändigen Unterschrift und beigedrucktem Königlichen Insiegel.

Gegeben Berlin, den 4. März 1879.

(L. S.) **Wilhelm.**

Gr. zu Stolberg. Leonhardt. Falk. v. Kameke.
Friedenthal. v. Bülow. Hofmann.
Gr. zu Eulenburg. Maybach. Hobrecht.

V.

Ausführungsgesetz

vom 6. März 1879

zur

Deutschen Konkursordnung

vom 10. Februar 1877.

V.

Ausführungsgesetz

vom 6. März 1879

zur

Deutschen Konkursordnung

vom 10. Februar 1877.

Wir Wilhelm, von Gottes Gnaden König von Preußen ꝛc. verordnen, unter Zustimmung der beiden Häuser des Landtages der Monarchie, was folgt:

Erster Abschnitt.

Allgemeine Bestimmungen.

Erster Titel.

Bürgerliches Recht.

§. 1.

Im Bezirk des Appellationsgerichts zu Frankfurt a. M. beträgt die Frist für die nach §. 17 Nr. 1 der Deutschen Konkursordnung zulässige Kündigung, falls eine kürzere Frist nicht bedungen war, bei Pachtverträgen sechs Monate vor Ablauf des Wirthschaftsjahres, bei Miethverträgen über unbewegliche Sachen drei Monate, bei Miethverträgen über bewegliche Sachen eine Woche.

§. 2.

Im Bezirk des Appellationsgerichts zu Frankfurt a. M., im ehemals Landgräflich Hessischen Amtsbezirk Homburg und im Kreise Herzogthum Lauenburg kommen die nachstehenden Vorschriften zur Anwendung.

Gesetzliche Pfandrechte gewähren in Beziehung auf Grundstücke nur einen Anspruch auf Eintragung einer Hypothek mit bestimmter Summe.

Ergreift das Pfandrecht das gesammte Vermögen, so braucht der Eigenthümer die Eintragung nur auf einzelne, die Schuld genügend sichernde Grundstücke zu bewilligen. Kommt eine Einigung über den Betrag oder über das Spezialpfand nicht zu Stande, so erfolgt die Festsetzung durch den Prozeßrichter. Inzwischen ist eine Vormerkung auf den höchsten, vom Pfandgläubiger geforderten Betrag und Pfandbereich einzutragen. Durch die Vormerkung wird für die endgültige Eintragung die Stelle in der Reihenfolge der Eintragungen gesichert.

§. 3.

Im ehemals Landgräflich Hessischen Amtsbezirk Homburg und im Kreise Herzogthum Lauenburg ist die Bestellung einer Hypothek am ganzen Vermögen sowie die Bestellung einer Hypothek an einer beweglichen Sache, einschließlich der Forderungen, fortan unzulässig.

§. 4.

Insoweit außerhalb des Geltungsbereichs der Konkursordnung vom 8. Mai 1855 in den Geltungsbereichen des Allgemeinen Landrechts oder des gemeinen Rechts der Ehefrau auf Grund eines gesetzlichen Titels zum Pfandrecht oder eines gesetzlichen Pfandrechts ein Anspruch auf Eintragung einer Hypothek auf die Grundstücke des Ehemannes zusteht, wird der Anspruch dahin beschränkt, daß die Ehefrau nur die Befugniß hat, die Eintragung wegen des gesetzlich in die Verwaltung des Ehemannes gekommenen oder als Heirathsgut eingebrachten Vermögens innerhalb eines Jahres nach dem Beginn der Verwaltung oder der Einbringung zu verlangen.

Erwirbt der Ehemann nach dem Beginn der Verwaltung oder der Einbringung ein Grundstück, so kann die Eintragung noch innerhalb eines Jahres, vom Erwerb des Grundstücks an gerechnet verlangt werden.

§. 5.

Im Geltungsbereich des gemeinen Rechts steht bei Verpfändung von aufgespeicherten oder niedergelegten Waaren, Fabrikaten, Boden- oder Bergwerkserzeugnissen sowie auf dem Transport befindlichen Gütern die Uebergabe des auf den Gläubiger übertragenen Konossements, Ladescheins, Lagerscheins oder ähnlichen Papiers der Uebergabe der Sache gleich, sofern der Gläubiger mittels des Papiers in der Lage ist, über den Gegenstand der Verpfändung zu verfügen.

§. 6.

Das im §. 41 Nr. 1 der Deutschen Konkursordnung bestimmte Absonderungsrecht wegen öffentlicher Abgaben geht den übrigen im §. 41 der Deutschen Konkursordnung bestimmten Absonderungsrechten vor.

§. 7.

Die Vorschriften des §. 41 der Deutschen Konkursordnung und des §. 6 dieses Gesetzes finden außerhalb des Konkursverfahrens auf das Verhältniß der durch diese Vorschriften den Faustpfandgläubigern gleichgestellten Gläubiger zu anderen Gläubigern des Schuldners entsprechende Anwendung.

Für Forderungen, für welche durch die Vorschriften der Deutschen Konkursordnung ein Anspruch auf abgesonderte Befriedigung aus einzelnen Gegenständen des beweglichen Vermögens nicht zugelassen ist, besteht auch außerhalb des Konkursverfahrens kein Absonderungsrecht oder Vorzugsrecht an solchen Gegenständen.

§. 8.

Die Vorschriften des §. 54 der Deutschen Konkursordnung finden auf die Fälle, in welchen außerhalb des Konkursverfahrens eine Befriedigung persönlicher Gäubiger nach dem Range ihrer Forderungen stattzufinden hat, entsprechende Anwendung.

Für Forderungen, welchen durch §. 54 der Deutschen Konkursordnung ein Vorrecht nicht gewährt ist, besteht auch außerhalb des Konkursverfahrens kein Vorrecht an dem gesammten Vermögen oder an dem gesammten beweglichen Vermögen des Schuldners.

§. 9.

Geldstrafen und Forderungen aus einer Freigebigkeit des Schuldners unter Lebenden oder von Todeswegen stehen in den in §. 8 Abs. 1 bezeichneten Fällen allen übrigen Forderungen nach.

§. 10.

Gesetzliche Vorzugsrechte, welche nach den bisherigen Vorschriften das gesammte Vermögen des Schuldners umfaßten, bestehen an Gegenständen, welche in Ansehung der Zwangsvollstreckung zum unbeweglichen Vermögen gehören, nur insoweit, als die Forderungen, für welche sie gewährt sind, auf den Gegenstand der Zwangsvollstreckung sich beziehen.

§. 11.

Die Vorschriften der Artikel VIII, IX, XI des Gesetzes vom 8. Mai 1855, betreffend die Einführung der Preußischen Konkursordnung in den Landestheilen, in welchen das Allgemeine Landrecht und die Allgemeine Gerichtsordnung Gesetzeskraft haben (Anlage), finden Anwendung in den Gebietstheilen der Provinz Hannover, in welchen das Allgemeine Landrecht gilt.

Zweiter Titel.

Verfahren.

§. 12.

Eine Abschrift des Beschlusses, durch welchen das Konkursverfahren eröffnet worden ist, ist der Staatsanwaltschaft bei dem Landgericht von dem Gerichtsschreiber unter Bezeichnung des Konkursverwalters mitzutheilen.

§. 13.

Die Eröffnung des Konkursverfahrens ist in das Handelsregister einzutragen.

Die Eintragung erfolgt auf Grund der der Registerbehörde gemäß §. 104 der Deutschen Konkursordnung mitzutheilenden Abschrift der Formel des Eröffnungsbeschlusses von Amtswegen.

Die öffentliche Bekanntmachung der Eintragung unterbleibt.

§. 14.

Wenn zur Konkursmasse ein im Bezirk des Appellationsgerichts zu Wiesbaden oder des Amtsgerichts zu Vöhl belegenes Grundstück gehört, so ist die Eröffnung, die Wiederaufnahme, die Aufhebung oder die Einstellung des Konkursverfahrens dem Feld- oder Ortsgericht mitzutheilen, in dessen Bezirk das Grundstück belegen ist. Eine gleiche Mittheilung ist, wenn das Grundstück nicht im Bezirk des Konkursgerichts liegt, dem Amtsgericht zu machen, in dessen Bezirk es belegen ist.

Inwiefern im Bezirk des Justizsenats zu Ehrenbreitstein die Eröffnung oder Aufhebung des Konkursverfahrens den Schöffengerichten mitzutheilen ist, bestimmt sich nach den bestehenden Vorschriften. Die Vorschriften finden auf die Wiederaufnahme und auf die Einstellung des Verfahrens entsprechende Anwendung.

Die Mittheilungen (Abs. 1, 2) sind von dem Gerichtsschreiber nach Maßgabe des §. 104 der Deutschen Konkursordnung zu bewirken.

§. 15.

Inwiefern die Eröffnung oder Aufhebung des Konkursverfahrens in das Grund- oder Hypothekenbuch einzutragen und wie eine solche Eintragung zu bewirken ist, bestimmt sich nach den bestehenden Vorschriften. Die Vorschriften finden auf die Wiederaufnahme und auf die Einstellung des Verfahrens entsprechende Anwendung.

Die Eintragung erfolgt, sofern sie nicht auf Ersuchen des Konkursgerichts geschieht, auf Vorlegung einer unter Bezeichnung des Konkursverwalters durch den Gerichtsschreiber beglaubigten Abschrift der Formel des Beschlusses des Konkursgerichts.

§. 16.

Erfolgt die Veräußerung einer zur Konkursmasse gehörigen unbeweglichen Sache durch notarielle Versteigerung, so finden im Bezirk des Appellationsgerichtshofes zu Köln die Vorschriften des Gesetzes vom 18. April 1855 (Gesetz-Samml. S. 521) über die Versteigerung durch einen Notar mit der Maßgabe Anwendung, daß die der Rathskammer oder dem Präsidenten des Landgerichts zugewiesene Thätigkeit von dem Konkursgericht auszuüben ist. Das Konkursgericht bestimmt nach freiem Ermessen, in welcher Art die Versteigerung bekannt zu machen ist.

Zweiter Abschnitt.

Uebergangsbestimmungen.

Erster Titel.

Bürgerliches Recht.

§. 17.

Hat außerhalb des Geltungsbereichs der Konkursordnung vom 8. Mai 1855 in den Geltungsbereichen des Allgemeinen Landrechts oder des gemeinen Rechts die Ehefrau auf Grund eines gesetzlichen Titels zum Pfandrechte oder eines gesetzlichen Pfandrechts den Anspruch auf Eintragung einer Hypothek auf die Grundstücke des Ehemannes vor dem Tage des Inkrafttretens dieses Gesetzes erworben, so kann die Eintragung noch innerhalb eines Jahres, von diesem Tage an gerechnet, und wegen aller Forderungen verlangt werden, deren Eintragung nach den bisherigen Vorschriften verlangt werden konnte.

Im Bezirk des Appellationsgerichts zu Frankfurt a. M., in dem ehemals Landgräflich Hessischen Amtsbezirk Homburg und im Kreise Herzogthum Lauenburg findet die vorstehende Bestimmung auf das von der Ehefrau vor dem Inkrafttreten dieses Gesetzes erworbene gesetzliche Pfandrecht entsprechende Anwendung.

§. 18.

Insoweit ein Pfand- oder Vorzugsrecht, welches vor dem Inkrafttreten dieses Gesetzes auf Grund eines Vertrages, einer letztwilligen Anordnung oder einer richterlichen Verfügung erworben ist,

1. zufolge der Bestimmungen der Deutschen Konkursordnung und des Einführungsgesetzes zu derselben,
2. gegenüber einem Pfandrecht, welches durch eine nach dem Inkrafttreten dieses Gesetzes bewirkte Pfändung begründet wird, zufolge des §. 709 Abs. 2 der Deutschen Civilprozeßordnung oder des §. 14 Abs. 1 des Ausführungsgesetzes zur Deutschen Civilprozeßordnung

seine Wirksamkeit verliert, wird für die Forderung des Berechtigten ein Vorrecht gewährt.

Ist das Pfand- oder Vorzugsrecht auf einzelne bewegliche Gegenstände des Schuldners beschränkt, so wird das Vorrecht nur in Höhe des Erlöses derselben gewährt.

§. 19.

Die Bestimmungen des §. 18 finden auf ein gesetzliches Pfand- oder Vorzugsrecht der Ehefrau des Schuldners für Forderungen, welche vor dem Inkrafttreten dieses Gesetzes entstanden sind, entsprechende Anwendung.

§. 20.

Die Rangordnung der in Gemäßheit der Vorschriften der §§. 18, 19 bevorrechtigten Forderungen im Verhältniß zu einander und zu den übrigen betheiligten Forderungen bestimmt sich nach den bisherigen Vorschriften.

§. 21.

Das Vorrecht (§§. 18, 19) wird nicht gewährt:

1. für ein zwei Jahre nach dem Inkrafttreten dieses Gesetzes eröffnetes Konkursverfahren oder gegen eine zwei Jahre nach dem Inkrafttreten dieses Gesetzes bewirkte Pfändung, wenn es nicht dadurch erhalten wird, daß es bis zum Ablauf der zwei Jahre zur Eintragung in das Vorrechtsregister vorschriftsmäßig angemeldet ist;
2. für ein zwanzig Jahre nach dem Inkrafttreten dieses Gesetzes eröffnetes Konkursverfahren oder gegen eine zwanzig Jahre nach dem Inkrafttreten dieses Gesetzes bewirkte Pfändung.

§. 22.

Insoweit ein nach den bisherigen Gesetzen bestandenes Pfand- oder Vorzugsrecht der Kinder oder der Pflegebefohlenen des Gemeinschuldners zufolge der Bestimmungen der Deutschen Konkursordnung und des Einführungsgesetzes zu derselben seine Wirksamkeit verliert, wird den Kindern und Pflegebefohlenen für Forderungen, welche vor dem Inkrafttreten dieses Gesetzes entstanden sind, ein Vorrecht für das Konkursverfahren gewährt.

Das Vorrecht wird für ein zwei Jahre nach dem Inkrafttreten dieses Gesetzes eröffnetes Konkursverfahren nicht gewährt.

Die Vorschriften des §. 18 Abs. 2 und des §. 20 finden entsprechende Anwendung.

§. 23.

Die Vorschriften der §§. 18 bis 22 finden auf die Fälle entsprechende Anwendung, in welchen außerhalb des Konkursverfahrens eine Befriedigung persönlicher Gläubiger nach dem Range ihrer Forderungen stattzufinden hat.

§. 24.

Die Vorschriften des §. 18 über die Gewährung eines Vorrechts finden keine Anwendung auf Rechte, welche ein Gläubiger vor dem Inkrafttreten dieses Gesetzes durch Beschlagnahme, Pfändung oder Ueberweisung erlangt hat.

Zweiter Titel.

Vorrechtsregister.

§. 25.

Die Vorrechtsregister sind zur Eintragung der nach Vorschrift des §. 21 Nr. 1 der Anmeldung bedürfenden Vorrechte bestimmt.

§. 26.

Für die Führung der Vorrechtsregister sind die Amtsgerichte zuständig.

Der Justizminister kann die Führung des Registers für die Bezirke mehrerer Amtsgerichte einem derselben übertragen.

§. 27.

Das Vorrechtsregister ist öffentlich. Die Einsicht desselben ist während der gewöhnlichen Dienststunden einem Jeden gestattet.

§. 28.

In dem Register sind außer den Eintragungen nur Löschungen zu vermerken.

§. 29.

Die Eintragungen und Löschungen erfolgen auf Anordnung des Amtsgerichts.

Die Vermerke, durch welche die Eintragungen und Löschungen bewirkt werden, sind von dem Gerichtsschreiber zu unterschreiben.

§. 30.

Die Anmeldung zur Eintragung erfolgt bei dem Amtsgericht, bei welchem der Schuldner am Tage des Inkrafttretens dieses Gesetzes seinen allgemeinen Gerichtsstand hat.

Ist der Schuldner vor dem Inkrafttreten dieses Gesetzes verstorben, so kann, so lange die Voraussetzungen des §. 28 Abs. 2 der Deutschen Civilprozeßordnung vorhanden sind, die Anmeldung bei dem Amtsgericht erfolgen, bei welchem der Schuldner zur Zeit seines Todes den allgemeinen Gerichtsstand gehabt hat.

Im Fall des §. 26 Abs. 2 kann die Anmeldung bei dem in den vorstehenden Bestimmungen bezeichneten oder bei dem mit der Führung des Registers beauftragten Amtsgericht erfolgen. Die Anmeldung ist, wenn sie nicht bei dem mit der Führung des Registers beauftragten Amtsgericht erfolgt, diesem Gericht zu übersenden.

§. 31.

Die Anmeldung hat zu enthalten:

1. Die Bezeichnung des Gläubigers und des Schuldners nach Namen, Stand oder Gewerbe und Wohnort;
2. die Angabe des Gegenstandes und des Grundes der Forderung;
3. die Angabe des für die Forderung beanspruchten Vorrechts sowie des Grundes des Anspruchs;
4. im Fall einer Beschränkung des Vorrechts auf einzelne bewegliche Gegenstände des Schuldners die Bezeichnung der Gegenstände.

§. 32.

Die Anmeldung kann bei dem Gericht schriftlich eingereicht oder zum Protokoll des Gerichtsschreibers angebracht werden. Wird sie schriftlich eingereicht, so muß das Schriftstück gerichtlich oder notariell beglaubigt sein. Bei der Beglaubigung bedarf es weder der Zuziehung von Zeugen noch der Aufnahme eines Protokolls. Anmeldungen öffentlicher Behörden bedürfen keiner Beglaubigung. Der Anmeldung ist eine Abschrift der in derselben in Bezug genommenen urkundlichen Beweisstücke beizufügen.

Mit der Anmeldung soll eine für den Schuldner bestimmte Abschrift der Beweisstücke und wenn die Anmeldung schriftlich angebracht wird, eine Abschrift derselben eingereicht werden.

§. 33.

Genügt die Anmeldung den Erfordernissen der §§. 31, 32 Abs. 1, so ist die Eintragung anzuordnen.

Gegen den Beschluß, durch welchen die Eintragung abgelehnt wird, findet die Beschwerde nach Maßgabe der §§. 532 bis 538 der Deutschen Civilprozeßordnung statt.

§. 34.

Eine Abschrift des eingetragenen Vermerks ist dem Gläubiger und dem Schuldner mitzutheilen. Der Mittheilung an den Schuldner ist eine Abschrift der Anmeldung und der urkundlichen Beweisstücke beizufügen. Dieselbe kann unmittelbar und ohne besondere Form geschehen.

§. 35.

Der Schuldner kann auf Grund der Einwilligung des Gläubigers oder eines rechtskräftigen Urtheils die Löschung der Eintragung verlangen.

§. 36.

Für die den Amtsgerichten nach den Vorschriften dieses Titels obliegenden Geschäfte werden nur die baaren Auslagen erhoben.

Der Notar erhält für die Beglaubigung im Falle des §. 32 Abs. 1 bei einem Betrage der Forderung bis einschließlich 1 500 Mark eine Gebühr von 1 Mark 50 Pf., bei einem Betrage der Forderung über 1 500 Mark eine Gebühr von 3 Mark. Die Beglaubigung ist stempelfrei.

Dritter Titel.

Verfahren.

§. 37.

Die Konkurssachen, in welchen das Verfahren vor dem Inkrafttreten dieses Gesetzes eröffnet worden ist, gehen auf die Amtsgerichte über. Dieselben sind, soweit nicht aus den Bestimmungen dieses Titels und aus der Verfassung der Amtsgerichte sich Abweichungen ergeben, nach den bisherigen Vorschriften zu erledigen.

Als zu dem Konkursverfahren gehörig sind im Sinne der vorstehenden Bestimmungen auch die Rechtsstreitigkeiten anzusehen, deren Verhandlung und Entscheidung in erster Instanz nach den bisherigen Vorschriften vor das Konkursgericht oder im Bezirke des Appellationsgerichts zu Celle vor das dem Konkursgericht vorgesetzte Obergericht gehört. Durch diese Bestimmung werden die Vorschriften der §§. 43 bis 47 nicht berührt.

§. 38.

Die Zuständigkeit der Amtsgerichte in den auf sie übergehenden Konkurssachen umfaßt alle durch die bisherigen Vorschriften dem Konkursgericht zugewiesenen Geschäfte, soweit nicht in den §§. 43 bis 46 etwas Anderes bestimmt ist.

§. 39.

Im Geltungsbereich der Konkursordnung vom 8. Mai 1855 und im Bezirk des Appellationsgerichtshofes zu Köln haben die Amtsgerichte zugleich die nach den bisherigen Vorschriften dem Konkurs- oder Fallimentskommissar zugewiesenen Geschäfte wahrzunehmen.

§. 40.

Wird der Bezirk des bisherigen Konkursgerichts mehreren Amtsgerichten zugetheilt, so ist das Verfahren von dem Amtsgericht zu erledigen, zu dessen Bezirk der Sitz des bisherigen Konkursgerichts gehört.

Für die Erledigung kann ein anderes der mehreren Amtsgerichte bestimmt werden. Die Bestimmung erfolgt durch das Oberlandesgericht, oder, wenn die Amtsgerichte den Bezirken verschiedener Oberlandesgerichte angehören, durch den Justizminister.

Vor der Entscheidung ist der Verwalter (Kurator, Agent, Syndik) und, sofern der Gemeinschuldner ohne Aufschub zu erlangen ist, auch dieser zu hören.

§. 41.

Die Vorschriften der §§. 3, 9, 10, 12 bis 14, 17, 19 bis 23, 44 bis 46 des Gesetzes, betreffend die Uebergangsbestimmungen zur Deutschen Civilprozeßordnung und Deutschen Strafprozeßordnung finden auf das Verfahren entsprechende Anwendung.

§. 42.

Auf Zustellungen und Behändigungen, welche in Gemäßheit der bisherigen Vorschriften nach den für Zustellungen und Behändigungen in bürgerlichen Rechtsstreitigkeiten geltenden Bestimmungen zu bewirken sind, finden die Bestimmungen des §. 2 des Gesetzes, betreffend die Uebergangsbestimmungen zur

Deutschen Civilprozeßordnung und Deutschen Strafprozeßordnung, entsprechende Anwendung.

Ist in Fällen, in welchen nach den bisherigen Vorschriften die Zustellung durch Aufgabe zur Post genügt, in Gemäßheit dieser Vorschriften eine Bescheinigung der Aufgabe zur Post erforderlich, so erfolgt die Zustellung nach Maßgabe der Bestimmungen der Deutschen Civilprozeßordnung über die Zustellung durch Aufgabe zur Post. Einer Beglaubigung des zu übergebenden Schriftstücks bedarf es nicht, sofern dieselbe nach den bisherigen Vorschriften nicht erforderlich ist.

§. 43.

Die Vorschriften des §. 8 des Gesetzes, betreffend die Uebergangsbestimmungen zur Deutschen Civilprozeßordnung und Deutschen Strafprozeßordnung, soweit sie auf Kollegialgerichte sich beziehen, finden auf Rechtsstreitigkeiten, welche vor dem Inkrafttreten dieses Gesetzes bei dem Konkursgericht anhängig geworden sind, entsprechende Anwendung:

1. im Geltungsbereich der Konkursordnung vom 8. Mai 1855, sofern die Rechtsstreitigkeit die Richtigkeit oder das Vorrecht einer Konkursforderung oder die Vernichtung des Akkordes zum Gegenstand hat;
2. im Bezirk des Appellationsgerichts zu Greifswald, sofern über die Rechtsstreitigkeit im Spezialprozeß abgesondert zu verhandeln und zu entscheiden ist;
3. im Bezirk des Appellationsgerichtshofes zu Köln, sofern die Rechtsstreitigkeit zum Gegenstand hat:
   a) die Richtigkeit oder das Vorzugsrecht einer Konkursforderung;
   b) einen Revindikationsanspruch;
   c) die Anfechtung eines Rechtsgeschäfts des Gemeinschuldners oder eine Rückforderung zur Masse;
   d) den Anspruch eines Dritten gegen die Masse;
   e) die Rechnung eines Konkursverwalters.

§. 44.

Auf die im §. 43 bezeichneten Rechtsstreitigkeiten, sofern sie vor dem Inkrafttreten dieses Gesetzes noch nicht anhängig geworden sind, finden die Vorschriften des Deutschen Gerichtsverfassungsgesetzes und der Deutschen Civilprozeßordnung, sowie des §. 134 Abs. 2 und des §. 136 der Deutschen Konkursordnung entsprechende Anwendung. Der Rechtsstreit ist durch besonders zu erhebende Klage anhängig zu machen.

§. 45.

Im Bezirk des Appellationsgerichts zu Greifswald tritt für den Erlaß des Rangurtheils die Civilkammer des Landgerichts an Stelle des Kreisgerichts.

§. 46.

In einem bei dem Stadtgericht zu Frankfurt a. M. eröffneten Konkursverfahren tritt die Civilkammer des Landgerichts an Stelle des Stadtgerichts:

1. für die Verhandlung und Entscheidung von Rechtsstreitigkeiten über Liquidate, wenn der Liquidationstermin vor dem Inkrafttreten dieses Gesetzes abgehalten ist, und der Werth des Streitgegenstandes die Summe von dreihundert Mark übersteigt;
2. für den Erlaß des Rangurtheils.

Der Werth des Streitgegenstandes ist im Fall der Nr. 1, unter entsprechender Anwendung des §. 136 der Konkursordnung, festzusetzen.

Wird der Liquidationstermin nach dem Inkrafttreten dieses Gesetzes abgehalten, so finden auf Rechtsstreitigkeiten über Liquidate die Vorschriften des Deutschen Gerichtsverfassungsgesetzes und der Deutschen Civilprozeßordnung, sowie des §. 134 Abs. 2 und des §. 136 der Deutschen Konkursordnung entsprechende Anwendung. Der Rechtsstreit ist durch Erhebung besonderer Klage anhängig zu machen.

§. 47.

Soweit im Bezirk des Appellationsgerichts zu Celle Rechtsstreitigkeiten, welche

1. die Anfechtung des Prioritätsurtheils,
2. die Richtigkeit oder die Priorität der einzelnen angemeldeten Forderungen,
3. Erinnerungen gegen den Vertheilungsplan

zum Gegenstand haben, nach den bisherigen Vorschriften in erster Instanz vor das Obergericht gehören, tritt an Stelle des letzteren die Civilkammer des Landgerichts.

§. 48.

Die Vorschriften der §§. 37, 38, 41, 42 finden entsprechende Anwendung auf die vor dem Inkrafttreten dieses Gesetzes anhängig gewordenen Sachen, welche ein die Eröffnung oder Abwendung des Konkurses betreffendes Verfahren zum Gegenstand haben.

Wird der Bezirk des bisher mit der Sache befaßt gewesenen Gerichts mehreren Amtsgerichten zugetheilt, so geht die Sache an dasjenige der mehreren Amtsgerichte über, bei welchem der Schuldner seinen allgemeinen Gerichtsstand hat, oder, wenn der Schuldner bei keinem dieser Amtsgerichte seinen allgemeinen Gerichtsstand hat, an das Amtsgericht, zu dessen Bezirk der Sitz des bisher mit der Sache befaßt gewesenen Gerichts gehört.

§. 49.

Im Geltungsbereich der Konkursordnung vom 8. Mai 1855 und im Bezirk des Appellationsgerichts zu Celle kann das Konkursgericht in jedem seit mindestens dreißig Jahren vor dem Inkrafttreten dieses Gesetzes eröffneten Konkursverfahren die dem Aufenthalt nach nicht bekannten Gläubiger oder die nicht bekannten Rechtsnachfolger von Gläubigern zum Erscheinen in einem Termin oder zur Meldung innerhalb einer Frist öffentlich auffordern. Die Aufforderung kann auf einzelne Gläubiger oder auf eine einzelne Klasse von Gläubigern beschränkt werden.

Die öffentliche Bekanntmachung der Aufforderung erfolgt nach den Vorschriften des §. 68 Abs. 1, 2 der Deutschen Konkursordnung und, unbeschadet dieser Vorschriften, durch einmalige Einrückung in den Reichsanzeiger.

Zwischen dem Tage, an welchem die öffentliche Bekanntmachung als bewirkt gilt, und dem Termin oder dem Ablauf der Frist soll ein Zeitraum von mindestens sechs Wochen liegen.

In der Aufforderung sind die Gläubiger, an welche oder an deren Rechtsnachfolger dieselbe erlassen wird, und, soweit es geschehen kann, die Beträge der einzelnen Forderungen zu bezeichnen.

Als Rechtsnachtheil ist anzudrohen, daß eine Berücksichtigung der Forderungen in dem ferneren Verfahren und bei der Beschlußfassung über die Aufhebung desselben nicht stattfinden werde, so lange der Berechtigte nicht nachträglich sich gemeldet habe.

Ein Ausschlußurtheil ist nicht zu erlassen.

§. 50.

Wenn im Fall des §. 49 nach Versäumung des Termins oder der Frist ein Berechtigter vor Aufhebung des Verfahrens sich meldet, so kann er aus der zur Zeit der Meldung vorhandenen Masse, soweit diese reicht und nicht in Folge eines den berücksichtigten Gläubigern gegenüber ausführbar gewordenen Vertheilungsplans zu einer Vertheilung zu verwenden ist, den Betrag verlangen, welcher auf seine Forderung zu vertheilen gewesen sein würde, wenn in der Zwischenzeit eine Berücksichtigung derselben stattgefunden hätte.

Die Zulassung zur Theilnahme an einer Beschlußfassung der Gläubiger kann ein solcher Berechtigte verlangen, sofern zur Zeit der Meldung die Abstimmung noch nicht abgeschlossen ist.

Dritter Abschnitt.

Beschränkungen des Gemeinschuldners.

§. 51.

Die gesetzlichen Bestimmungen, nach welchen die Zahlungsunfähigkeit oder die Zahlungseinstellung eine Beschränkung des Gemeinschuldners in der Ausübung eines auf das Vermögen sich nicht beziehenden Rechts zur Folge hat, werden dahin abgeändert, daß die Beschränkung nur im Fall der Eröffnung des Konkursverfahrens eintritt.

§. 52.

Die Beschränkungen, welche nach gesetzlichen Bestimmungen das Konkursverfahren oder das bisherige Fallimentsverfahren für den Gemeinschuldner in der Ausübung eines auf das Vermögen sich nicht beziehenden Rechts zur Folge hat, fallen mit der Beendigung des Verfahrens weg.

§. 53.

Die Vorschriften der §§. 51, 52 finden auf die Fälle, in welchen die Zahlungsunfähigkeit oder Zahlungseinstellung oder die Eröffnung des Konkurs- oder Fallimentsverfahrens vor dem Tage des Inkrafttretens dieses Gesetzes stattgefunden hat, mit der Maßgabe Anwendung, daß, wenn das Konkurs- oder Fallimentsverfahren vor dem Tage des Inkrafttretens dieses Gesetzes entweder nicht eröffnet oder beendigt ist, die Beschränkungen mit diesem Tage wegfallen.

Vierter Abschnitt.

Schlußbestimmungen.

§. 54.

Die Vorschriften der Artikel 551 bis 553 des Rheinischen Handelsgesetzbuchs werden durch die Bestimmungen dieses Gesetzes nicht berührt.

§. 55.

Außer Kraft treten, unbeschadet der Bestimmungen der §§. 15, 54:

1. die Vorschriften der Abschnitte 1—5 und 8—11 des ersten Titels sowie die Vorschriften des zweiten und dritten Titels der Konkursordnung vom 8. Mai 1855;
2. die noch geltenden Vorschriften des dritten Buchs des Rheinischen Handelsgesetzbuchs;
3. die im Bezirk des Appellationsgerichts zu Celle noch geltenden Vorschriften des fünfzigsten Titels und des §. 12 des einundfünfzigsten Titels des ersten Theils der Allgemeinen Gerichtsordnung.

§. 56.

Wo in einem Gesetz auf die durch Einführung der Deutschen Konkursordnung oder durch dieses Gesetz aufgehobenen Vorschriften hingewiesen wird, treten die Vorschriften der Deutschen Konkursordnung, des Gesetzes, betreffend die Einführung derselben, und dieses Gesetzes an deren Stelle.

§. 57.

Dieses Gesetz tritt gleichzeitig mit dem Deutschen Gerichtsverfassungsgesetz in Kraft.

In anhängigen Sachen können schon vor diesem Zeitpunkt Ladungen vor diejenigen Landesgerichte erfolgen, welche an die Stelle der aufgehobenen Gerichte treten.

Die nach §. 40 Abs. 2, 3 zulässige Bestimmung kann vor dem Inkrafttreten des Gesetzes getroffen werden. Die Bestimmung erfolgt durch das Appellationsgericht oder den Justizminister.

Urkundlich unter Unserer Höchsteigenhändigen Unterschrift und beigedrucktem Königlichen Insiegel.

Gegeben Berlin, den 6. März 1879.

(L. S.) **Wilhelm.**

Gr. zu Stolberg. Leonhardt. Falk. v. Kameke.
Friedenthal. v. Bülow. Hofmann.
Gr. zu Eulenburg. Maybach. Hobrecht.

Anlage zu §. 11.

Auszug

aus dem

Gesetz, betreffend die Einführung der Konkursordnung in den Landestheilen, in welchen das Allgemeine Landrecht und die Allgemeine Gerichtsordnung Gesetzeskraft haben.

Vom 8. Mai 1855.

Artikel VIII. Die Bestimmungen in den §§. 261 bis 265 Tit. 1 Th. II des Allgemeinen Landrechts, über die Rechte der Ehefrau an dem aus dem Konkurse ihres Mannes geretteten eingebrachten Vermögen bleiben in Kraft, wogegen die §§. 266 bis 268 a. a. O. aufgehoben werden.

Artikel IX. Die in den §§. 500 bis 506 Tit. 16 Th. I des Allgemeinen Landrechts enthaltenen Bestimmungen über das Absonderungsrecht der Erbschaftsgläubiger in dem Konkurse über das Vermögen des Erben finden auch auf Legatare Anwendung.

Artikel XI. Außer den in dem Allgemeinen Landrecht und in anderen Gültigkeit behaltenden Gesetzen, aufgeführten gesetzlichen Titeln zum Pfandrecht, bleiben nur noch folgende ferner in Kraft:

1. für den Fiskus und die mit fiskalischen Rechten versehenen Anstalten in dem Vermögen ihrer Schuldner wegen aller Ansprüche an dieselben, mit Ausnahme der Geldstrafen;
2. für die Gemeinde-, Kreis- und Provinzialverbände, die landschaftlichen Kreditverbände, die Domkapitel, Kollegiatstifter, Klöster, Kirchen, Schulen und milden Stiftungen, in dem Vermögen ihrer verwaltenden Beamten wegen der Ansprüche aus der Verwaltung, ingleichen in dem Vermögen ihrer Mitkontrahenten wegen der Ansprüche aus den mit denselben geschlossenen Kontrakten;
3. für die Dienstherrschaften in dem Vermögen ihrer Hausoffizianten und Dienstboten wegen der denselben zum Behuf ihrer Dienstverrichtungen anvertrauten Gelder und Effekten;
4. für die Konkursmassen in dem Vermögen der dieselben verwaltenden Personen wegen der Ansprüche aus der Verwaltung.

VI.

Gesetz,

betreffend

die Rheinschifffahrtsgerichte

vom 8. März 1879.

VI.

Gesetz,

betreffend

die Rheinschifffahrtsgerichte

vom 8. März 1879.

Wir Wilhelm, von Gottes Gnaden König von Preußen ꝛc. verordnen, unter Zustimmung beider Häuser des Landtages der Monarchie, was folgt:

§. 1.

Als Rheinschifffahrtsgerichte erster Instanz sind durch Königliche Verordnung Amtsgerichte zu bestellen, welche ihren Sitz am Rhein oder in dessen Nähe haben; in gleicher Weise erfolgt die Bestimmung der Gerichtsbezirke.

Rheinschifffahrtsgericht zweiter Instanz ist das Oberlandesgericht in Cöln. Die Zuständigkeit der Centralkommission in Mannheim bleibt unberührt.

§. 2.

Die Rheinschifffahrtsgerichte haben sich in ihren Entscheidungen als solche zu bezeichnen und ein diese Eigenschaft ergebendes Dienstsiegel zu führen.

§. 3.

Ist ein als Rheinschifffahrtsgericht bestelltes Amtsgericht mit mehreren Richtern besetzt, so sind bei der Geschäftsvertheilung einem derselben die Geschäfte des Rheinschifffahrtsgerichts zu übertragen.

§. 4.

In Strafsachen verhandeln und entscheiden die Rheinschifffahrtsgerichte ohne Zuziehung von Schöffen.

§. 5.

Die Geschäfte der Staatsanwaltschaft werden von der Staatsanwaltschaft bei den als Rheinschifffahrtsgerichte bestellten Gerichten wahrgenommen. Die Anträge und Verfügungen in Rheinschifffahrtssachen sind als solche zu bezeichnen.

§. 6.

Die sachliche Zuständigkeit der Rheinschifffahrtsgerichte wird durch die Vereinbarungen der Rheinuferstaaten und durch den §. 13 des Gesetzes vom 17. März 1870, betreffend die Ausführung der revidirten Rheinschifffahrtsakte vom 17. Oktober 1868 (Gesetz-Samml. S. 187) bestimmt.

§. 7.

In Civilsachen finden die Vorschriften über das Verfahren in den zur Zuständigkeit der Amtsgerichte gehörenden bürgerlichen Rechtsstreitigkeiten, in Strafsachen die Vorschriften über das Verfahren vor den Schöffengerichten wegen Uebertretungen Anwendung, soweit nicht aus den Vereinbarungen der Rheinuferstaaten oder aus diesem Gesetze sich Abweichungen ergeben.

§. 8.

Hat die strafbare Handlung oder die einen Civilanspruch begründende Thatsache auf dem Strome innerhalb des beiderseits Preußischen Stromgebiets stattgefunden, so ist das Rheinschifffahrtsgericht des einen und des anderen Ufers zuständig.

§. 9.

Der auf einer strafbaren That Betroffene ist dem Rheinschifffahrtsgerichte vorzuführen. Dasselbe geschieht auf Verlangen eines Beschädigten auch dann, wenn die That nur zu Schadensersatz verpflichtet.

Wird in diesem Falle ein Vergleich geschlossen, so ist derselbe zu Protokoll festzustellen. Kommt ein Vergleich nicht zu Stande, so wird auf Antrag beider Parteien der Rechtsstreit sofort verhandelt. Die Erhebung der Klage erfolgt in diesem Falle durch den mündlichen Vortrag derselben.

Hat der Vorgeführte keinen bekannten Wohnsitz in einem der Rheinuferstaaten, so ist er von dem Gerichte aufzufordern, eine in dem Bezirk des Gerichts wohnhafte Person zur Empfangnahme von Zustellungen zu bevollmächtigen. Kommt er dieser Aufforderung nicht nach, so können alle Zustellungen bis zur nachträglichen Benennung des Bevollmächtigten nach der Vorschrift des §. 161 der Deutschen Civilprozeßordnung bewirkt werden.

§. 10.

Die Berufung ist ohne Rücksicht auf die Höhe des Gegenstandes der an das Gericht gestellten Anträge zulässig.

Gegen die Entscheidungen des Oberlandesgerichts findet ein Rechtsmittel nicht statt.

§. 11.

Die Berufung an die Centralkommission (Art. 37 der revidirten Rheinschifffahrtsakte vom 17. Oktober 1868) ist schriftlich oder zu Protokoll des Gerichtsschreibers anzumelden. Die Zustellung der Anmeldung und der Rechtfertigung erfolgt von Amtswegen.

§. 12.

Die Vollstreckung der Erkenntnisse und Beschlüsse außerdeutscher Rheinschifffahrtsgerichte erfolgt auf Grund einer von dem Oberlandesgericht zu Cöln mit der Vollstreckungsklausel (§. 662 der Deutschen Civilprozeßordnung, §. 483 der Deutschen Strafprozeßordnung) kostenfrei zu versehenden Ausfertigung.

Erkenntnisse und Beschlüsse Deutscher Rheinschifffahrtsgerichte werden nach Maßgabe des §. 161 des Deutschen Gerichtsverfassungsgesetzes vollstreckt.

§. 13.

Der Schiffsherr haftet wegen der Beschädigungen, welche von Personen der Schiffsbesatzung während der Fahrt oder beim Anlanden in Ausführung ihrer Dienstverrichtungen verursacht worden sind (Art. 34 IIc der revidirten Rheinschifffahrtsakte vom 17. Oktober 1868), sowie für Geldstrafen und Kosten, welche jenen Personen wegen Zuwiderhandlungen gegen die schifffahrts- und strompolizeilichen Vorschriften (Art. 34 I der revidirten Rheinschifffahrtsakte vom 17. Oktober 1868) auferlegt werden.

Die Haftung des Schiffsherrn für Strafen und Kosten ist nach dessen vorheriger Anhörung durch das im Strafverfahren ergehende Urtheil auszusprechen.

§. 14.

Die Strafverfolgung von Zuwiderhandlungen und die Geltendmachung von Civilansprüchen, welche zur Zuständigkeit der Rheinschifffahrtsgerichte gehören, verjährt in einem Jahre.

§. 15.

Geldstrafen sind für den Fall, daß sie nicht beigetrieben werden können, nach den für Uebertretungen geltenden Vorschriften in Haft umzuwandeln.

§. 16.

Das Gesetz vom 9. März 1870, betreffend die Rheinschifffahrtsgerichte, wird aufgehoben.

§. 17.

Dieses Gesetz tritt gleichzeitig mit dem Deutschen Gerichtsverfassungsgesetze in Kraft.

Urkundlich unter Unserer Höchsteigenhändigen Unterschrift und beigedrucktem Königlichen Insiegel.

Gegeben Berlin, den 8. März 1879.

(L. S.) Wilhelm.

Gr. zu Stolberg. Leonhardt. Falk. v. Kameke.
Friedenthal. v. Bülow. Hofmann.
Gr. zu Eulenburg. Maybach. Hobrecht.

VII.

Gesetz,

betreffend

die Elbzollgerichte

vom 9. März 1879.

VII.

Gesetz,

betreffend

die Elbzollgerichte

vom 9. März 1879.

Wir Wilhelm, von Gottes Gnaden König von Preußen 2c. verordnen, unter Zustimmung beider Häuser des Landtages der Monarchie, was folgt:

§. 1.

Elbzollgerichte erster Instanz sind die Amtsgerichte, deren Bezirke von der Elbe innerhalb der durch die Additionalakte vom 13. April 1844 (Gesetzsammlung Seite 458) bestimmten Grenzen berührt werden.

Elbzollgerichte zweiter Instanz sind die Landgerichte.

Die Entscheidungen der Gerichte sind als elbzollgerichtliche zu bezeichnen.

§. 2.

Ist ein Amtsgericht mit mehreren Richtern besetzt, so sind bei der Geschäftsvertheilung einem derselben die Geschäfte des Elbzollgerichts zu übertragen.

§. 3.

In Strafsachen verhandeln und entscheiden die Elbzollgerichte in erster Instanz ohne Zuziehung von Schöffen, in der Berufungsinstanz in der Besetzung von drei Mitgliedern mit Einschluß des Vorsitzenden.

§. 4.

Die sachliche Zuständigkeit der Elbzollgerichte wird durch die Vereinbarungen der Elbuferstaaten bestimmt.

§. 5.

In Civilsachen finden die Vorschriften über das Verfahren in den zur Zuständigkeit der Amtsgerichte gehörenden bürgerlichen Rechtsstreitigkeiten, in Strafsachen die Vorschriften über das Verfahren vor den Schöffengerichten wegen Uebertretungen Anwendung, soweit nicht aus den Vereinbarungen der Elbuferstaaten oder aus diesem Gesetze sich Abweichungen ergeben.

§. 6.

Hat die strafbare Handlung oder die einen Civilanspruch begründende Thatsache auf dem Strome innerhalb des beiderseits preußischen Stromgebiets stattgefunden, so ist das Elbzollgericht des einen und des andern Ufers zuständig.

§. 7.

Die nach den bestehenden Vorschriften begründete Mitverhaftung dritter Personen für Strafen und Kosten ist nach deren vorheriger Anhörung durch das im Strafverfahren ergehende Urtheil auszusprechen.

§. 8.

Gegen die Entscheidungen der Landgerichte findet ein Rechtsmittel nicht statt.

§. 9.

Die Vollstreckung elbzollgerichtlicher Entscheidungen außerdeutscher Gerichte erfolgt auf Grund einer mit der Vollstreckungsklausel (§. 662 der Deutschen Civilprozeßordnung, §. 483 der Deutschen Strafprozeßordnung) kostenfrei zu versehenden Ausfertigung. Zuständig für die Ertheilung der Vollstreckungsklausel ist jedes Landgericht, zu dessen Bezirk ein Elbzollgericht gehört.

Die Vollstreckung elbzollgerichtlicher Entscheidungen deutscher Gerichte erfolgt nach Maßgabe des §. 161 des Deutschen Gerichtsverfassungsgesetzes.

§. 10.

Dieses Gesetz tritt gleichzeitig mit dem Deutschen Gerichtsverfassungsgesetze in Kraft.

Urkundlich unter Unserer Höchsteigenhändigen Unterschrift und beigedrucktem Königlichen Insiegel.

Gegeben Berlin, den 9. März 1879.

(L. S.) **Wilhelm.**

Gr. zu Stolberg. Leonhardt. Falk. v. Kameke.
Friedenthal. v. Bülow. Hofmann.
Gr. zu Eulenburg. Maybach. Hobrecht.

VIII.

Ausführungsgesetz

vom 10. März 1879

zum

Deutschen Gerichtskostengesetze

vom 18. Juni 1878

und

zu den Deutschen Gebührenordnungen für Gerichtsvollzieher vom 24. Juni 1878

und

für Zeugen und Sachverständige

vom 30. Juni 1878.

VIII.

Ausführungsgesetz

vom 10. März 1879

zum

Deutschen Gerichtskostengesetze vom 18. Juni 1878 und zu den Deutschen Gebührenordnungen für Gerichtsvollzieher vom 24. Juni 1878 und für Zeugen und Sachverständige vom 30. Juni 1878.

Wir Wilhelm, von Gottes Gnaden König von Preußen ꝛc. verordnen, unter Zustimmung der beiden Häuser des Landtages der Monarchie, was folgt:

I. Gerichtskosten.

§. 1.

Das Deutsche Gerichtskostengesetz vom 18. Juni 1878 findet Anwendung:

1. auf die vor besondere Gerichte gehörigen Rechtssachen, auf welche die Deutsche Civilprozeßordnung oder die Deutsche Strafprozeßordnung Anwendung finden;
2. auf Zwangsvollstreckungen, welche vor dem Inkrafttreten dieses Gesetzes anhängig geworden sind, soweit dieselben nach den Vorschriften der Deutschen Civilprozeßordnung erledigt werden.

In den vor die Gewerbegerichte im Bezirke des Appellations-gerichtshofs zu Cöln gehörigen Angelegenheiten sind jedoch Gerichtsgebühren nur in der Instanz der Rechtsmittel oder auf Grund des §. 48 des Deutschen Gerichtskostengesetzes zu erheben.

§. 2.

Die auf die Kosten in Strafsachen bezüglichen Vorschriften des Deutschen Gerichtskostengesetzes finden auf die nach dem Gesetze vom 15. April 1878, betreffend den Forstdiebstahl, zu behandelnden Strafsachen mit folgenden Maßgaben Anwendung:

1. Ist nicht auf Grund der §§. 6, 8 des Gesetzes vom 15. April 1878 auf Strafe erkannt worden, so werden für jede Instanz, in welcher eine Hauptverhandlung stattgefunden hat, vier Zehntheile der Sätze des §. 62 erhoben.
2. Ist in Fällen, in welchen der Erlaß eines Strafbefehls zulässig ist, ohne Erlaß eines solchen zur Hauptverhandlung geschritten und die Verurtheilung auf sofortiges Geständniß ohne Beweisaufnahme erfolgt, so werden in erster Instanz zwei Zehntheile der Sätze des §. 62 erhoben.
3. Ist nach §. 17 des Gesetzes vom 15. April 1878 durch Strafbefehl oder Urtheil auf die Einziehung von Holz erkannt, so ist der Werth des Holzes an Stelle der Strafe für die Höhe der Gebühr maßgebend; die Gebühr beträgt jedoch in jeder Instanz höchstens fünf Mark.

§. 3.

Die auf die Kosten in Strafsachen bezüglichen Vorschriften des Deutschen Gerichtskostengesetzes finden auf das nach den Art. 5, 6 des Einführungsgesetzes zum Handelsgesetzbuche vom 24. Juni 1861 eintretende Verfahren mit folgenden Maßgaben Anwendung:

1. Wird eine Strafe auf Grund des Art. 5 festgesetzt, ohne daß die im Art. 5 §. 3 bestimmte Verhandlung stattgefunden hat, so werden zwei Zehntheile der Sätze des §. 62 erhoben.
2. In allen anderen Fällen der Straffestsetzung werden für jede Instanz, in welcher die Terminsverhandlung stattgefunden hat, fünf Zehntheile der Sätze des §. 62 erhoben.

3. Die Beschwerde steht im Sinne des §. 66 Nr. 2 der Berufung gleich.
4. Für die Androhung von Strafen werden Gebühren und Auslagen nicht erhoben.

§. 4.

Die Vorschriften des Deutschen Gerichtskostengesetzes §§. 4 bis 7, 9 bis 14, 16, 17 finden in gerichtlichen Angelegenheiten, auf welche die Deutschen Prozeßordnungen nicht Anwendung finden, nach Maßgabe der nachstehenden §§. 5 bis 8 entsprechende Anwendung.

§. 5.

Bei Akten der freiwilligen Gerichtsbarkeit ist die zum Zwecke der Stempelerhebung erfolgende Berechnung des Werths des Gegenstandes auch für die Erhebung der Gerichtsgebühren maßgebend.

Die Vorschriften des §. 8 Nr. 5 des Tarifs zur Grundbuchordnung vom 5. Mai 1872, des §. 8 Nr. 3 des Tarifs zu dem Gesetze, betreffend das Grundbuchwesen in der Provinz Hannover, vom 28. Mai 1873 und des Art. 2 §. 11 des Gesetzes vom 22. Juni 1875, betreffend das Sportel-, Stempel- und Taxwesen in den Hohenzollernschen Landen, bleiben in Kraft.

§. 6.

Die Aenderung einer Werthfestsetzung von Amtswegen kann bei den in §. 4 bezeichneten Angelegenheiten auch nach Beendigung derselben erfolgen.

Soweit die Aenderung einer Werth- oder Kostenfestsetzung von Amtswegen oder die Verhandlung und Entscheidung von Beschwerden den Oberlandesgerichten als den Gerichten höherer Instanz oder Beschwerdegerichten zusteht, ist das Oberlandesgericht zu Berlin ausschließlich zuständig, sofern nicht ein anderes Oberlandesgericht gleichzeitig über eine Beschwerde in der Angelegenheit, für welche Kosten zum Ansatz gebracht worden sind, zu entscheiden hat. Die Entscheidung erfolgt in einem Civilsenat.

§. 7.

Rücksichtlich der als Gerichtskosten zu erhebenden Stempelbeträge, sowie der nach dem Gesetze vom 22. Juni 1875 Art. 2 in den Hohenzollernschen Landen zu erhebenden Abgaben findet gegen die Entscheidungen des Oberlandesgerichts Beschwerde an den Justizminister statt.

Der Justizminister kann in allen Fällen den Ansatz dieser Beträge von Amtswegen berichtigen.

§. 8.

Die Vorschriften des Gesetzes vom 24. Mai 1861 wegen der Zulässigkeit des Rechtsweges über die Verpflichtung zur Entrichtung der im §. 7 erwähnten Stempel und Abgaben werden durch die Bestimmungen der §§. 4 bis 7 nicht berührt.

Die erwähnten Stempel und Abgaben unterliegen nicht den Vorschriften über die Verjährung der Gerichtskosten. Der §. 5 des Deutschen Gerichtskostengesetzes findet auf dieselben nicht Anwendung.

§. 9.

Die Bestimmung im §. 2 Nr. 6 des Gesetzes vom 26. März 1873, betreffend die Aufhebung, beziehungsweise Ermäßigung gewisser Stempelabgaben, findet auch für die ausschließlich auf Löschungen von Pfandrechten und Eigenthumsvorbehalten im Stockbuche sich beziehenden Beurkundungen der Feldgerichte und Amtsgerichte im Gebiete des vormaligen Herzogthums Nassau Anwendung.

§. 10.

Für Vormundschaftssachen treten die nach Art. 1 des Gesetzes vom 21. Juli 1875 abgeänderten §§. 41 bis 46 des Tarifs zu dem Gesetze vom 10. Mai 1851, der durch Art. 2 des ersteren Gesetzes ausgedehnte §. 7 des Gesetzes vom 10. Mai 1851 und der §. 10 Nr. 3 des letzteren Gesetzes auch für die Bezirke des Appellationsgerichtshofes zu Cöln und des Appellationsgerichts zu Frankfurt a. M. in Kraft.

Die Berechnung der Kosten erfolgt dergestalt, daß die vollen Sätze, welche für Beträge von 20, 30, 50 Mark u. s. w. bestimmt sind, auch für die nur angefangenen Beträge entrichtet werden.

Neben den Tarifsätzen werden Stempelabgaben nur erhoben, soweit dieselben als Urkundenstempel nach §. 1 der für das Gebiet der ehemals freien Stadt Frankfurt erlassenen Verordnung vom 16. August 1867 und den entsprechenden Positionen der im Bezirk des Appellationsgerichtshofes zu Cöln bestehenden Stempelgesetze unter Berücksichtigung des Gesetzes vom 26. März 1873 zu erheben sind. Die im §. 44 des Tarifs bestimmte Befreiung von weiteren Kosten erstreckt sich auch auf die Stempelabgaben.

Bei den vor dem Inkrafttreten dieses Gesetzes eingeleiteten noch nicht beendigten Vormundschaften und Pflegschaften kommt der Betrag der nach den bisherigen Vorschriften in Ansatz gebrachten oder zu bringenden Gebühren und Stempel auf die nach den §§. 41, 42 des Tarifs zu erhebenden Gebühren in Anrechnung, soweit nicht jene Stempel und Gebühren lediglich bei der Revision und Abnahme der von dem Vormunde oder Pfleger gelegten Rechnung entstanden sind, oder nach den Vorschriften der §§. 44 bis 46 des Tarifs neben den in den §§. 42, 43 desselben bestimmten Gebühren zu erheben gewesen wären.

§. 11.

Die Genehmigung eines Rechtsgeschäfts durch das Vormundschaftsgericht ist im ganzen Umfange der Monarchie stempelfrei.

§. 12.

Im Kreise Herzogthum Lauenburg sind in Vormundschaftssachen von den nach der Hannoverschen Verordnung vom 31. Dezember 1813 zu erhebenden Stempelabgaben der ordentliche Stempel und die besonderen Stempel für Bestallungen, Konfirmationen, Bescheide, Rechnungen, Rechnungsauszüge und Protokolle nicht mehr zu erheben.

Die in §. 43 des Tarifs zu dem Lauenburgischen Gesetze vom 4. Dezember 1869 nach dem Gesetze vom 25. Februar 1878 bestimmte Befreiung der Bevormundeten von weiteren als den in dem Tarife bestimmten Kosten erstreckt sich auch auf die Stempelabgaben.

§. 13.

Für die Angelegenheiten des Handelsregisters und des Genossenschaftsregisters treten, unbeschadet der Vorschrift des §. 69 des Reichsgesetzes vom 4. Juli 1868, die §§. 2 bis 6, 8 der Verordnung vom 27. Januar 1862 auch für die Provinz Hannover und den Kreis Herzogthum Lauenburg, sowie für die Bezirke des Appellationsgerichtshofes zu Cöln und des Appellationsgerichts zu Frankfurt a. M. in Kraft.

Der nach §. 6 der erwähnten Verordnung zu erhebende Stempelbetrag wird für den Kreis Herzogthum Lauenburg und für den Bezirk des Appellationsgerichts zu Frankfurt a. M. auf eine Mark funfzig Pfennig bestimmt.

Die im §. 6 Abs. 1 der erwähnten Verordnung bestimmte zusätzliche Gebühr von fünf Silbergroschen (funfzig Pfennig) kommt für den ganzen Umfang der Monarchie in Wegfall.

§. 14.

Für die Angelegenheiten des Schiffsregisters treten die §§. 9, 10, 13 der Verordnung vom 27. Januar 1862 auch für die Provinz Hannover mit der Maßgabe in Kraft, daß die in Bezug genommenen §§. 25 bis 30 des Tarifs zu dem Gesetze vom 10. Mai 1851 und Art. 17 des Gesetzes vom 9. Mai 1854 durch die §§. 1 bis 6 des dem Gesetze vom 28. Mai 1873, betreffend das Grundbuchwesen in der Provinz Hannover, beigefügten Kostentarifs ersetzt werden.

Im Geltungsbereiche des Gesetzes vom 10. Mai 1851 treten für die Angelegenheiten des Schiffsregisters die §§. 1 bis 6 des der Grundbuchordnung vom 5. Mai 1872 beigefügten Kostentarifs an die Stelle der §§. 25 bis 30 des Tarifs zu dem Gesetze vom 10. Mai 1851, soweit nicht die Verfügungen des Gerichts vor dem Inkrafttreten des gegenwärtigen Gesetzes erlassen sind.

§. 15.

Für die Erledigung der in dem Handelsgesetzbuch und in den Einführungsgesetzen zu demselben, sowie in dem Gesetze vom 4. Juli 1868, betreffend die privatrechtliche Stellung der Erwerbs- und Wirthschaftsgenossenschaften, den Gerichten zugewiesenen, von den Deutschen Prozeßordnungen nicht betroffenen Angelegenheiten, welche eine Entscheidung des Gerichts erfordern, mit Ausnahme der in den §§. 3, 13, 14 des gegenwärtigen Gesetzes erwähnten, werden fünf Zehntheile der Sätze des §. 8 des Deutschen Gerichtskostengesetzes erhoben.

Wird der Antrag vor Erlaß einer Entscheidung in der Hauptsache oder über das Verfahren zurückgenommen, so wird ein Zehntheil der erwähnten Sätze erhoben.

Für die höhere Instanz finden die §§. 45, 46 und für alle Instanzen die Vorschriften der §§. 2, 101 des Deutschen Gerichtskostengesetzes entsprechende Anwendung.

Erfolgt in den Fällen der Art. 348, 365, 407 des Handelsgesetzbuches die gerichtliche Vernehmung von Sachverständigen, so werden für dieselbe nochmals fünf Zehntheile der vollen Gebühr erhoben.

§. 16.

Die Vorschriften des §. 15 Abs. 1 bis 3 finden im Geltungsbereiche des Gesetzes vom 10. Mai 1851 und im Kreise Herzogthum Lauenburg auch auf andere in §. 9 des Tarifs zu dem erwähnten Gesetze bezeichnete Angelegenheiten Anwendung, soweit dieselben nicht durch das Deutsche Gerichtskostengesetz betroffen werden.

§. 17.

Bei dem Antrage auf Anordnung der Zwangsvollstreckung in Gegenstände des unbeweglichen Vermögens außer Grundstücken und bei dem Antrage auf Vollziehung eines Arrestes in unbewegliches Vermögen finden die Vorschriften des §. 35 Nr. 3 und des §. 46 des Deutschen Gerichtskostengesetzes entsprechende Anwendung.

Im Geltungsbereiche der Subhastationsordnung vom 15. März 1869, in Neuvorpommern und Rügen, in der Provinz Schleswig-Holstein, in dem vormaligen Kurfürstenthum Hessen und den vormals Bayerischen Gebietstheilen, sowie im Kreise Herzogthum Lauenburg wird die Gebühr für Anordnung der Zwangsversteigerung eines Grundstücks oder eines anderen Gegenstandes des unbeweglichen Vermögens auf die nach den bestehenden Vorschriften für das angeordnete Verfahren zu erhebende Gebühr angerechnet.

§. 18.

Bei Beschwerden in dem Verfahren der Zwangsvollstreckung in unbewegliches Vermögen finden die Vorschriften der §§. 45, 46 des Deutschen Gerichtskostengesetzes entsprechende Anwendung.

Wird von dem Beschwerdegericht im Verfahren der Zwangsversteigerung der in unterer Instanz versagte Zuschlag ertheilt, so ist außer der nach den Vorschriften des §. 45 zu erhebenden Gebühr die Gebühr für Ertheilung des Zuschlags oder Ausfertigung und Bestätigung des Kaufbriefs und der tarifmäßige Stempel nach Maßgabe der bestehenden Vorschriften zu erheben.

§. 19.

Für die Erledigung des Ersuchens eines nicht Preußischen Gerichts in Angelegenheiten, welche durch das Deutsche Gerichtskostengesetz nicht betroffen werden, sind außer den baaren Auslagen zu erheben:

1. wenn eine Handlung vorgenommen wird, für welche besondere Gebühren bestimmt sind, diese Gebühren;
2. wenn nur um die Zustellung oder Aushändigung eines Schriftstücks ersucht ist, ein Zehntheil der Sätze des §. 8 des Deutschen Gerichtskostengesetzes, jedoch nicht über 10 Mark;
3. in allen anderen Fällen zwei Zehntheile der erwähnten Sätze, jedoch nicht über 20 Mark.

In den zu Nr. 2, 3 des ersten Absatzes bezeichneten Fällen werden im Bezirke des Appellationsgerichtshofes zu Cöln und in der Provinz Hannover die in dem Gesetze vom 26. März 1873 §. 2 Nr. 1 bis 4 bezeichneten Stempelabgaben, im Kreise Herzogthum Lauenburg der ordentliche Stempel und die besonderen Stempel für Bescheide, Protokolle und Auszüge aus Rechnungen nicht erhoben.

Die bestehenden Staatsverträge werden hierdurch nicht berührt.

§. 20.

Die Vorschriften des §. 19 Abs. 1, 2 finden auf die Erledigung des Ersuchens eines Preußischen Gerichts Anwendung, wenn die Angelegenheit im Bezirke des ersuchenden Gerichts der Gebührenerhebung nach Vorschriften des Gesetzes vom 10. Mai 1851 und der dasselbe erläuternden, ergänzenden und abändernden Bestimmungen oder nach den Tarifen zur Grundbuchordnung vom 5. Mai 1872 oder nach dem Lauenburgischen Gesetze vom 4. Dezember 1869 nicht unterliegt.

§. 21.

In allen gerichtlichen Angelegenheiten sind, soweit nicht reichsgesetzliche Bestimmungen entgegenstehen, baare Auslagen nach den Vorschriften der §§. 79, 80 des Deutschen Gerichtskostengesetzes zu erheben.

In Vormundschaftssachen sind Schreibgebühren, Postgebühren und Zustellungskosten nur zu erheben, wenn der Mündel zur Zeit der Entstehung derselben mehr als das ihm nach §. 7 Nr. 5 des Gesetzes vom 10. Mai 1851 zu belassende Vermögen hat.

Die Vorschrift des §. 24 Nr. 2 des Tarifs zu dem Gesetze vom 10. Mai 1851, der §. 7 des Gesetzes vom 1. Mai 1865, die Vorschrift des §. 12 E der Verordnung vom 30. August 1867, betreffend den Ansatz und die Erhebung der Gerichtskosten in den Herzogthümern Holstein und Schleswig, der §. 7 der Kostentarife zur Grundbuchordnung vom 5. Mai 1872, sowie die Vorschriften des §. 23 Nr. 1 und des §. 38 des Tarifs zu dem Lauenburgischen Gesetze vom 4. Dezember 1869 werden aufgehoben.

Die den Gerichtsbeamten nach §. 9 des Gesetzes vom 9. Mai 1851 und nach §. 9 des dem §. 64 des Tarifs zu dem Lauenburgischen Gesetze vom 4. Dezember 1869 beigefügten Reglements zustehenden Kommissionsgebühren sind nur in den durch Artikel 15 des Gesetzes vom 9. Mai 1854 und §. 14 des Tarifs zu dem erwähnten Lauenburgischen Gesetze bestimmten Fällen als baare Auslagen zu erheben.

Auf bereits anhängige Angelegenheiten finden die vorstehenden Vorschriften Anwendung, wenn die Handlung, durch welche die Auslagen entstehen, nicht vor dem Inkrafttreten dieses Gesetzes beantragt oder angeordnet worden ist.

§. 22.

Im Bezirke des Appellationsgerichtshofes zu Cöln sind Haftkosten (§. 79 Nr. 8 des Deutschen Gerichtskostengesetzes) nach Maßgabe der für die übrigen Landestheile geltenden Vorschriften zu erheben.

§. 23.

Im Geltungsbereiche des Gesetzes vom 10. Mai 1851 und im Kreise Herzogthum Lauenburg tritt in den Bestimmungen des §. 24 Nr. 4 des Tarifs zu dem erwähnten Gesetze, sowie des §. 23 Nr. 3 des Tarifs zu dem Lauenburgischen Gesetze vom 4. Dezember 1869 die Entfernung von zwei Kilometer an Stelle der Entfernung von mehr als einer Viertelmeile, für die Hohenzollernschen Lande an Stelle der Entfernung von mehr als anderthalb Kilometer.

§. 24.

Ist an Justizbeamte, Zeugen oder Sachverständige, oder an die Empfänger von Transportkosten mehr als der endgültig festgestellte Betrag, welcher als baare Auslage nach §. 79 des Deutschen Gerichtskostengesetzes zu erheben ist, aus der Staatskasse gezahlt worden, so kann die Wiedereinziehung des zuviel Gezahlten im Wege der administrativen Zwangsvollstreckung erfolgen.

§. 25.

In der Provinz Hannover, sowie in den Bezirken des Appellationsgerichtshofes zu Cöln und des Appellationsgerichts zu Frankfurt a. M. sind die Beträge der nach den bisherigen Vorschriften, soweit dieselben in Kraft bleiben, von den Gerichten zu verwendenden Stempel als Gerichtsgebühren zu erheben.

§. 26.

Im Bezirke des Appellationsgerichtshofes zu Cöln sind die Gebühren, welche den Friedensrichtern und den Gerichtsschreibern nach den bisherigen Vorschriften, soweit dieselben in Kraft bleiben, zustanden, als Gerichtskosten für Rechnung der Staatskasse zu erheben.

§. 27.

In Angelegenheiten, auf welche die Deutschen Prozeßordnungen nicht Anwendung finden, werden die Gerichtsgebühren bei Beendigung des Geschäfts, baare Auslagen bei deren Entstehung fällig.

Die bestehenden Vorschriften über die Einziehung von Vorschüssen, sowie die Vorschriften über die Einziehung der Kosten in Vormundschaftsachen und von Bevormundeten bleiben in Kraft.

§. 28.

Der Ansatz der Gebühren und Auslagen erfolgt bei dem Gericht, bei welchem die Rechtsangelegenheit anhängig geworden ist, wenn auch dieselben bei einem ersuchten Gericht entstanden sind, oder die Angelegenheit früher bei einem andern Gericht anhängig war. Der Ansatz erfolgt bei dem Gerichte der Instanz, in welcher die Gebühren und Auslagen entstanden sind.

§. 29.

Die zwangsweise Einziehung der Gerichtskosten erfolgt im Wege der administrativen Zwangsvollstreckung.

Jede Kostenforderung giebt einen Titel zum Pfandrecht auf die Gegenstände des unbeweglichen Vermögens des Schuldners; auf Grund desselben erfolgt die Eintragung eines Pfandrechts im Grund- oder Hypothekenbuche.

Die Zwangsversteigerung von Gegenständen des unbeweglichen Vermögens ist wegen einer Kostenforderung nur gegen denjenigen zulässig, welcher das mit einem Pfandrechte für die Kostenforderung belastete Grundstück durch Vertrag unter Lebenden erworben hat und weder Descendent noch Ehegatte eines Descendenten des ersten Schuldners ist.

§. 30.

Hinsichtlich der Stundung und Niederschlagung von Kosten wegen Armuth kommen folgende Vorschriften zur Anwendung.

Ein nach den Vorschriften der Deutschen Civilprozeßordnung §. 109 Abs. 2 für den Schuldner eines Kostenbetrags ausgestelltes Zeugniß soll in der Regel ausreichen, um die völlige oder theilweise Niederschlagung oder die Stundung des Kostenbetrages zu begründen. Der Schuldner ist jedoch verpflichtet, auf Verlangen der Kassenverwaltung nach den Vorschriften des §. 711 der Deutschen Civilprozeßordnung sein Vermögen anzugeben und den Offenbarungseid zu leisten.

Durch die Niederschlagung der Kosten wird deren spätere Einziehung nicht ausgeschlossen.

Ueber Beschwerden wegen verweigerter Niederschlagung oder Stundung wird, unbeschadet der Wirkungen des erlangten Armenrechts, von den der Kasse vorgesetzten Behörden entschieden.

§. 31.

Der nach den Gesetzen vom 21. Januar 1839 und vom 31. März 1852 im Bezirk des Appellationsgerichtshofes zu Cöln zu entrichtende Beitrag zu den Kosten der Justizverwaltung wird für die Zeit nach dem Inkrafttreten dieses Gesetzes nicht mehr erhoben.

II. Gebühren der Gerichtsvollzieher.

§. 32.

Die Deutsche Gebührenordnung für Gerichtsvollzieher vom 24. Juni 1878 findet Anwendung auf die nach den Vorschriften der Deutschen Prozeßordnungen auszuführenden Zwangsvollstreckungen und Zustellungen in Angelegenheiten, welche vor besondere Gerichte gehören oder durch die Deutschen Prozeßordnungen nicht betroffen werden.

Das Gleiche gilt für die nach den bisherigen Vorschriften zu erledigenden anhängigen Zwangsvollstreckungen. Die für solche Zwangsvollstreckungen zustehenden Gebühren und Auslagen sind in den Landestheilen, in welchen nach den bisherigen Vorschriften die Gebühren für Zwangsvollstreckungen zur Staatskasse flossen, aus der Staatskasse zu zahlen.

Abweichend von den Vorschriften der Deutschen Gebührenordnung für Gerichtsvollzieher können in den nach dem Gesetze vom 15. April 1878, betreffend den Forstdiebstahl, zu behandelnden Strafsachen geringere Gebühren bestimmt werden.

§. 33.

In Vormundschaftssachen stehen den Gerichtsvollziehern Aufrufsgebühren nicht zu.

§. 34.

Auf die Gebühren für Wechselproteste der Gerichtsvollzieher finden die Vorschriften des §. 3 des Gesetzes vom 21. April 1876 Anwendung.

§. 35.

Für freiwillige Versteigerungen von Mobilien, von Früchten auf dem Halm und von Holz auf dem Stamme erhält der Gerichtsvollzieher die in §. 7 der Deutschen Gebührenordnung für Gerichtsvollzieher bestimmten Gebühren.

§. 36.

Für die Vornahme von Inventuren im Auftrage des Gerichts oder des Konkursverwalters erhält der Gerichtsvollzieher nach dem Werthe der inventarisirten Gegenstände die im §. 4 der Deutschen Gebührenordnung für Gerichtsvollzieher bestimmten Gebühren, für Siegelungen und für Entsiegelungen im Auftrage des Gerichts oder des Konkursverwalters, sofern mit denselben nicht eine in deren Auftrage vorzunehmende Inventur verbunden ist, die Hälfte der erwähnten Gebühren.

§. 37.

Die in dem Bezirke des Appellationsgerichtshofes zu Cöln und in der Provinz Hannover bestehenden Vorschriften über die Gebühren der Gerichtsvollzieher und der Gerichtsvoigte für Geschäfte, hinsichtlich deren in der Deutschen Gebührenordnung für Gerichtsvollzieher oder in diesem Gesetze Bestimmungen nicht getroffen sind, bleiben in Kraft.

§. 38.

Auf die Gebühren der Gerichtsvollzieher, welche nicht durch die Deutsche Gebührenordnung bestimmt sind, finden die §§. 12 bis 23 der Deutschen Gebührenordnung für Gerichtsvollzieher und der im §. 24 Nr. 2 derselben gemachte Vorbehalt entsprechende Anwendung.

§. 39.

Die im §. 24 der Deutschen Gebührenordnung für Gerichtsvollzieher und im §. 32 Abs. 3 dieses Gesetzes vorbehaltenen Bestimmungen erfolgen durch den Justizminister.

Werden den Gerichtsvollziehern Geschäfte übertragen, für welche die Gebühren nicht durch Gesetz bestimmt sind, so erfolgt die Bestimmung durch den Justizminister.

§. 40.

Zu den dem Gerichtsvollzieher zu vergütenden baaren Auslagen gehören auch die erforderlichen Stempel.

§. 41.

Die Zustellungsurkunden der Gerichtsvollzieher sind stempelfrei.

III. Gebühren der Zeugen und Sachverständigen.

§. 42.

Die Deutsche Gebührenordnung für Zeugen und Sachverständige vom 30. Juni 1878 findet Anwendung auf gerichtliche Angelegenheiten, welche vor besondere Gerichte gehören oder durch die Deutschen Prozeßordnungen nicht betroffen werden.

IV. Schlußbestimmungen.

§. 43.

Auf die vor die Auseinandersetzungsbehörden gehörigen Angelegenheiten finden nur die §§. 24, 29, 30, 32, 40, 41 dieses Gesetzes und die §§. 5, 6, 9, 11 bis 13 des Deutschen Gerichtskostengesetzes Anwendung.

§. 44.

Dieses Gesetz tritt gleichzeitig mit dem Deutschen Gerichtsverfassungsgesetz in Kraft.

Urkundlich unter Unserer Höchsteigenhändigen Unterschrift und beigedrucktem Königlichen Insiegel.

Gegeben Berlin, den 10. März 1879.

(L. S.) **Wilhelm.**

Gr. zu Stolberg. Leonhardt. Falk. v. Kameke.
Friedenthal. v. Bülow. Hofmann.
Gr. zu Eulenburg. Maybach. Hobrecht.

Anlage.

Auszug

aus der

Verordnung vom 27. Januar 1862.

---

§. 2.

Für die Eintragungen in das Handelsregister (Art. 12 bis 14 des Handelsgesetzbuchs), einschließlich der Benachrichtigung der Betheiligten sind zu erheben:

1. für die Eintragung einer Firma (Art. 19 und 21 a. a. O.), der Veränderung einer Firma, der Aenderung des Inhabers einer Firma, sowie des Erlöschens einer Firma (Art. 25 a. a. O.) . . . . 20 Sgr.;
2. für die Eintragung einer Prokura und für die Eintragung des Erlöschens einer Prokura (Art. 45 a. a. O.) 20 Sgr.;
3. für die Eintragung einer offenen Handelsgesellschaft (Art. 86 a. a. O.) oder einer Kommanditgesellschaft (Art. 151, 152 a. a. O.) . . . . . . 2 Rthlr.;
4. für die Eintragung der Aenderung der Firma oder des Sitzes einer offenen Handelsgesellschaft oder einer Kommanditgesellschaft, des Eintritts eines neuen Gesellschafters in eine solche Gesellschaft, der bei einer solchen Gesellschaft einem Gesellschafter nachträglich ertheilten oder entzogenen Befugniß, die Gesellschaft zu vertreten, des Ausscheidens oder der Ausschließung eines Gesellschafters, der Auflösung einer solchen Gesellschaft, der Liquidatoren derselben, des Austretens eines Liquidators oder des Erlöschens der Vollmacht eines solchen (Art. 87, 129, 135, 155, 156, 171, 172 a. a. O.) . 1 Rthlr.;

5. für die Eintragung einer Kommanditgesellschaft auf Aktien oder einer Aktiengesellschaft in das Handelsregister des Gerichts, in dessen Bezirk die Gesellschaft ihren Sitz hat (Art. 176, 210 a. a. O.) . . . 6 Rthlr.;
und außerdem für die dazu erforderliche Eintragung einer vollständigen beglaubigten Abschrift des Gesellschaftsvertrages ohne Ansatz eines Stempelbetrages an Schreibgebühren für jeden auch nur angefangenen Bogen . . . . 5 Sgr.;
insofern aber zur Bewirkung dieser Eintragung ein Abdruck oder eine Abschrift des Vertrages bei dem Gericht eingereicht wird, ohne Ansatz eines Stempelbetrages an Beglaubigungsgebühren für jeden auch nur angefangenen Bogen . . . . . . 2 Sgr. 6 Pf.;

6. für die Eintragung eines den Gesellschaftsvertrag einer Kommanditgesellschaft auf Aktien oder einer Aktiengesellschaft abändernden oder die Fortsetzung der Gesellschaft zum Gegenstand habenden Vertrages oder Beschlusses in das Handelsregister des Gerichts, in dessen Bezirk die Gesellschaft ihren Sitz hat (Art. 198, 214 a. a. O.) . . . . 3 Rthlr.;
und außerdem für die dazu erforderliche Eintragung einer vollständigen beglaubigten Abschrift des Vertrages oder Beschlusses, oder für die Beglaubigung eines Abdrucks oder einer Abschrift, welche zur Bewirkung dieser Eintragung eingereicht sind, Schreibgebühren oder Beglaubigungsgebühren nach Maßgabe der Bestimmung unter Ziffer 5 ohne Ansatz eines Stempelbetrages;

7. für die Eintragung einer Kommanditgesellschaft auf Aktien oder einer Aktiengesellschaft in das Handelsregister des Gerichts, in dessen Bezirk die Gesellschaft eine Zweigniederlassung hat (Art. 179, 212 a. a. O.) 2 Rthlr.;

8. für die Eintragung der Auflösung einer Kommanditgesellschaft auf Aktien oder einer Aktiengesellschaft, der nach der Auflösung eintretenden Liquidatoren, des Austretens eines Liquidators oder des Erlöschens der Voll-

macht eines solchen, und für die Eintragung der Mitglieder des Vorstandes oder der Aenderung der Mitglieder des Vorstandes einer Aktiengesellschaft (Art. 201, 205, 228, 233, 244 a. a. O.) . . . . . . 1 Rthlr.;

9. für die Eintragung der Ausschließung oder Aufhebung der Gemeinschaft der Güter oder des Erwerbes unter Eheleuten (Art. 20 des Einführungsgesetzes) 20 Sgr.;

§. 3.

Muß eine Eintragung sowohl in das Handelsregister der Hauptniederlassung als in das Handelsregister einer Zweigniederlassung geschehen, so ist für die Eintragung in ein jedes Register der vorgeschriebene Satz besonders zu erheben.

Wenn auf Grund einer und derselben Anmeldung nach den Vorschriften des Handelsgesetzbuchs mehrere Eintragungen, welche auf dieselbe Firma, oder dieselbe Prokura, oder dieselbe Gesellschaft sich beziehen, in das Handelsregister desselben Gerichts erfolgen, so wird nur der höchste Satz von den für die einzelnen Eintragungen nach den §. 2 zu berechnenden Sätzen erhoben.

§. 4.

Wenn von den zur Begründung einer Anmeldung vorgelegten Urkunden wegen Zurückforderung derselben beglaubigte Abschriften haben zurückbehalten werden müssen, so kommen für diese Abschriften fünf Silbergroschen Schreibgebühren für jeden auch nur angefangenen Bogen ohne einen Stempelbetrag zum Ansatz.

§. 5.

Für die Zurückweisung einer unvollständigen oder unzulässigen Anmeldung oder einer hierauf sich beziehenden unbegründeten Beschwerde ist ein Viertel des Ansatzes zu berechnen, welcher für die Eintragung zu erheben wäre, jedoch ohne Berücksichtigung der im Falle der Eintragung zulässigen Schreib- und Beglaubigungsgebühren und nicht unter zehn Silbergroschen.

§. 6.

Für ein aus dem Handelsregister ertheiltes Attest sind funfzehn Silbergroschen und der tarifmäßige Stempelbetrag, wenn das Attest mehr als zwei Bogen ausmacht, für jeden hinzukommenden auch nur angefangenen Bogen zusätzlich noch fünf Silbergroschen zu erheben.

Besteht jedoch der Inhalt des Attestes oder des Auszugs lediglich in der beglaubigten Abschrift einer in das Handelsregister geschehenen Eintragung, so sind außer dem tarifmäßigen Stempelbetrag nur Schreibgebühren im Betrage von fünf Silbergroschen für jeden auch nur angefangenen Bogen zu erheben. Für eine aus dem Handelsregister ertheilte einfache Abschrift kommen für jeden auch nur angefangenen Bogen an Schreibgebühren zwei Silbergroschen sechs Pfennige zum Ansatz.

§. 8.

Kosten und Stempel kommen nicht zum Ansatz:

1. für die gerichtliche Aufnahme einer zur Eintragung in das Handelsregister bestimmten Anmeldung (Art. 4 des Einführungsgesetzes);
2. für die gerichtliche Aufnahme einer Verhandlung über die in einzelnen Fällen außer der Anmeldung erforderliche Zeichnung einer Firma oder Unterschrift (Art. 4 a. a. O.);
3. für die Gestattung der Einsicht des Handelsregisters und der eingereichten Zeichnungen der Firmen und Unterschriften (Art. 12 des Handelsgesetzbuchs);
4. für das Einschreiten des Gerichts, um einen Betheiligten zu einer Anmeldung Behufs Eintragung in das Handelsregister oder zur Zeichnung oder Einreichung der Zeichnung einer Firma oder Unterschrift, oder zum Unterlassen des Gebrauchs einer ihm nicht zustehenden Firma anzuhalten, jedoch unbeschadet der Bestimmungen des §. 7;
5. für die im Art. 13 des Einführungsgesetzes vorgeschriebenen Eintragungen.

§. 9.

Für die Eintragungen in das Schiffsregister (Art. 432 bis 437 des Handelsgesetzbuchs) und die dabei vorkommenden Nebengeschäfte sind zu erheben:

1. für die Eintragung eines Schiffes in das Schiffsregister einschließlich aller derselben vorausgehenden Verhandlungen Behufs Feststellung der im §. 4 Art. 53 des

Einführungsgesetzes erwähnten Thatsachen (Art. 432 bis 435 des Handelsgesetzbuchs, Art. 53 §§. 2 bis 5 des Einführungsgesetzes) die Hälfte des im §. 25 des Tarifs zum Gesetze vom 10. Mai 1851 für die Berichtigung des Besitztitels von einem Grundstücke bestimmten Betrags;

2. für die Eintragung einer später eingetretenen Veränderung einschließlich aller derselben vorausgehenden Verhandlungen (Art. 436 des Handelsgesetzbuchs und Art. 53 §. 8 des Einführungsgesetzes) und ohne Unterschied, ob das Schiff auf ein neues Folium eingetragen wird oder nicht, die Hälfte des im §. 26 des Tarifs zum Gesetze vom 10. Mai 1851 und im Art. 17 Ziffer 1 des Gesetzes vom 9. Mai 1854 für eine definitive Eintragung in die zweite und dritte Rubrik des Hypothekenbuchs bestimmten Betrags, insofern die Veränderung nicht in einem Eigenthumswechsel besteht, jedoch nicht über vier Thaler;

3. für die Eintragung der Verpfändung eines Schiffes einschließlich der Notirung derselben auf den betreffenden Urkunden (Art. 59 des Einführungsgesetzes), für die Eintragung der Cession der Forderung oder einer sonstigen Veränderung und für die Löschung der Verpfändung die Hälfte der in den §§. 26 bis 29 des Tarifs zum Gesetze vom 10. Mai 1851 und im Art. 17 Ziffer 1 des Gesetzes vom 9. Mai 1854 für die Eintragungen und Löschungen im Hypothekenbuch bestimmten Beträge.

§. 10.

Für die Ertheilung des Certifikats über die Eintragung eines Schiffes in das Schiffsregister (Art. 435 des Handelsgesetzbuchs und Art. 53 §. 6 des Einführungsgesetzes) ist der im §. 30 des Tarifs zum Gesetze vom 10. Mai 1851 und im Art. 17 des Gesetzes vom 9. Mai 1854 für die Ertheilung eines Hypothekenscheins pro informatione bestimmte Betrag und für die Attestirung einer eingetragenen Veränderung auf dem früher ertheilten Certifikate (Art. 436 des Handelsgesetzbuchs) die Hälfte dieses Betrages zu erheben.

Die auf die besondere Ausstattung des Certifikats verwendeten Auslagen, insbesondere diejenigen, welche durch Verwendung von Pergamentformularen entstehen, sind besonders zu erstatten.

§. 13.

Für die Löschung eines Schiffes in dem Schiffsregister (Art. 436 des Handelsgesetzbuchs und Art. 53 §. 8 des Einführungsgesetzes) kommen Kosten nicht zum Ansatz.

IX.

Hinterlegungsordnung

vom 14. März 1879.

IX.

Hinterlegungsordnung

vom 14. März 1879.

Wir Wilhelm, von Gottes Gnaden König von Preußen ꝛc. verordnen, unter Zustimmung beider Häuser des Landtages der Monarchie, was folgt:

Erster Abschnitt.

Hinterlegung von Geld, Werthpapieren und Kostbarkeiten.

Erster Titel.

Allgemeine Bestimmungen.

§. 1.

Für die Hinterlegung:

1. von Geld,
2. von Werthpapieren auf Inhaber,
3. von Werthpapieren auf Namen, auf welche die Zahlung dem Inhaber geleistet werden kann,
4. von Kostbarkeiten

werden als Hinterlegungsstellen die Bezirksregierungen, in der Provinz Hannover die Finanzdirektion in Hannover und die Landdrosteien in Lüneburg und Osnabrück bestimmt.

Als Kassen der Hinterlegungsstellen dienen die Regierungshauptkassen, in den Hohenzollernschen Landen die Landeskasse in Sigmaringen, in der Provinz Hannover die Bezirkshauptkassen.

§. 2.

Außerdem wird in Berlin eine Behörde als Hinterlegungsstelle für die Hinterlegung der im §. 1 bezeichneten Gegenstände durch gemeinschaftliche Anordnung des Finanzministers und des Justizministers bestimmt.

§. 3.

Die Bezirke der Hinterlegungsstellen sind nach Gerichtsbezirken abzugrenzen.

Die Bestimmung der Bezirke erfolgt durch gemeinschaftliche Anordnung des Finanzministers und des Justizministers. Sie ist durch dauernden Aushang an der Gerichtstafel der Amtsgerichte dieses Bezirks und durch Einrückung in die innerhalb desselben erscheinenden Amtsblätter bekannt zu machen.

§. 4.

Die Hinterlegungsstellen sind dem Finanzminister untergeordnet.

§. 5.

Die Annahme zur Hinterlegung, die Auszahlung hinterlegter Gelder und die Herausgabe von Werthpapieren und Kostbarkeiten erfolgt auf Weisung der Hinterlegungsstelle.

Die Weisung tritt in den Landestheilen, in welchen nach den bisherigen Vorschriften die Depositare durch Verfügung der Gerichte (Depositalmandat) zur Annahme und zur Auszahlung oder Herausgabe angewiesen werden, an Stelle dieser Verfügung.

§. 6.

Die nach den bestehenden Vorschriften begründete Zuständigkeit der Gerichte und anderer Behörden, zwischen den Betheiligten über die Berechtigung oder die Verpflichtung zur Hinterlegung oder über den Anspruch auf Auszahlung oder Herausgabe zu entscheiden, sowie den Betheiligten gegenüber eine Hinterlegung oder die Auszahlung oder Herausgabe anzuordnen, wird durch die Bestimmungen des §. 5 nicht berührt.

Zweiter Titel.

Hinterlegung von Geld.

§. 7.

Das hinterlegte Geld geht in das Eigenthum des Staats über.

§. 8.

Die Staatskasse haftet dem zum Empfang des Geldes Berechtigten für das Kapital zu dem hinterlegten Betrage und für die Zinsen.

§. 9.

Die Bestimmung des Prozentsatzes, zu welchem das hinterlegte Geld verzinst wird, erfolgt durch Königliche Verordnung. In gleicher Weise kann der bestimmte Prozentsatz für die Folgezeit erhöht oder herabgesetzt werden.

§. 10.

Beträge unter dreißig Mark werden nicht verzinst, höhere Beträge nur insoweit, als sie mit zehn theilbar sind.

Der Lauf der Zinsen beginnt für alle innerhalb eines Monats bewirkten Hinterlegungen mit dem ersten Tage des nächstfolgenden Monats, und hört in Ansehung des auszuzahlenden Betrages mit dem Ablauf des Monats auf, welcher der Benachrichtigung an den Berechtigten, daß die Kasse zur Auszahlung angewiesen sei, vorhergeht.

Eine Verzinsung der Zinsen findet nicht statt.

§. 11.

Geld kann nur in Zahlungsmitteln hinterlegt werden, welche bei den Staatskassen in Zahlung anzunehmen sind.

Anderes als kassenmäßiges Geld ist jedoch anzunehmen, wenn der Schuldner, welcher durch die Hinterlegung von einer Verbindlichkeit sich befreien will, seiner Angabe nach die Verbindlichkeit durch Zahlung solchen Geldes erfüllen darf.

In diesem Falle ist das nicht kassenmäßige Geld in kassenmäßiges umzusetzen und die Staatskasse nur für den bei der Umsetzung als Reinerlös erlangten Betrag verhaftet.

§. 12.

Die Einzahlung zur Hinterlegung kann unmittelbar bei der Kasse oder mittels portofreier Einsendung durch die Post geschehen.

Im Fall der Einsendung durch die Post gilt die Einzahlung erst mit dem Eingang bei der Kasse als bewirkt.

§. 13.

Für die Einzahlungen unmittelbar bei der Kasse kann die Hinterlegungsstelle bestimmte Tage und Stunden festsetzen. Auf die Bekanntmachung der Festsetzung findet die Vorschrift des §. 3 Abs. 2 entsprechende Anwendung.

In dringenden Fällen ist die Einzahlung während der gewöhnlichen Geschäftsstunden jederzeit zuzulassen.

§. 14.

Die Einzahlung oder Einsendung des Geldes kann ohne vorgängiges Gesuch erfolgen. Erfolgt sie ohne vorgängiges Gesuch, so ist eine schriftliche Erklärung in zwei Exemplaren bei der Einzahlung vorzulegen oder bei der Einsendung gleichzeitig einzusenden.

Die Erklärung muß enthalten:

1. Namen, Stand oder Gewerbe und Wohnort des Hinterlegers und, falls die Hinterlegung in dessen Vertretung von einer anderen Person bewirkt wird, Namen, Stand oder Gewerbe und Wohnort dieser Person;
2. den Betrag des hinterlegten Geldes und, wenn anderes als kassenmäßiges Geld hinterlegt wird, die Angabe der Geldsorten;
3. die bestimmte Angabe der Veranlassung zur Hinterlegung und, sofern die Rechtsangelegenheit, in welcher die Hinterlegung erfolgt, bei einer Behörde anhängig ist, insbesondere auch die Bezeichnung der Sache und der Behörde.

In der Erklärung ist, soweit es thunlich, die Person, an welche der hinterlegte Betrag ausgezahlt werden soll, nach Namen, Stand oder Gewerbe und Wohnort zu bezeichnen.

§. 15.

Ein vorgängiges Gesuch um die Annahme ist bei der Hinterlegungsstelle schriftlich einzureichen. Demselben ist die nach §. 14 erforderliche Erklärung in zwei Exemplaren beizufügen.

Der Gesuchsteller ist binnen drei Tagen nach Eingang des Gesuchs zu benachrichtigen, daß die Kasse zur Annahme des Betrages angewiesen sei, oder von dem der Annahme entgegenstehenden Hinderniß in Kenntniß zu setzen.

Die Benachrichtigung ist bei der Einzahlung vorzulegen oder bei Einsendung des Geldes in Urschrift oder Abschrift gleichzeitig einzusenden.

§. 16.

Die Kasse behält das eine Exemplar der Erklärung (§§. 14, 15) zurück und bescheinigt auf dem anderen die erfolgte Hinterlegung.

Die Bescheinigung ist, falls kassenmäßiges Geld unmittelbar bei der Kasse eingezahlt wird, sofort zu ertheilen, dagegen in den Fällen:

1. der Einsendung des Geldes durch die Post,
2. der Einzahlung nicht kassenmäßigen Geldes

dem Hinterleger oder dem, welcher in dessen Vertretung die Hinterlegung bewirkt hat, spätestens binnen drei Tagen zuzusenden.

Im Fall des Abs. 2 Nr. 2 ist, sofern die Einzahlung unmittelbar bei der Kasse geschieht, ein einstweiliger Empfangsschein sofort zu ertheilen.

§. 17.

Die Gerichtsvollzieher sind zuständig, die Aufgabe des Geldes zur Post zu beurkunden.

Die Urkunde soll enthalten:

1. die Angabe, zu welcher Zeit, unter welcher Adresse und bei welcher Postanstalt die Sendung aufgegeben ist;
2. die Bezeichnung der Art des Verschlusses und der Verpackung des Geldes;
3. die Bezeichnung der Summe und der Gattungen desselben;
4. eine Abschrift der in Gemäßheit der §§. 14, 15 der Hinterlegungsstelle eingesandten Erklärung;
5. die Unterschrift des Gerichtsvollziehers.

Erfolgt die Aufgabe des Geldes durch Einzahlung bei der Post zur Auszahlung an die Hinterlegungskasse, so genügt an Stelle der unter Nr. 2, 3 vorgeschriebenen Bezeichnungen die Bezeichnung der Summe.

§. 18.

Im Geltungsbereich des rheinischen Rechts bleiben, unbeschadet der Bestimmungen der Reichsgesetze und dieses Gesetzes, die bestehenden Vorschriften über das Verfahren bei Hinterlegungen, welche der Schuldner eines Geldbetrages bewirkt, um von seiner Verbindlichkeit sich zu befreien (Art. 1257 des bürgerlichen Gesetzbuchs), in Kraft. Dasselbe gilt von den, den Art. 1259 des bürgerlichen Gesetzbuchs abändernden Vorschriften des §. 7 des Gesetzes vom 24. Juni 1861 (Gesetz-Samml. 1862 S. 1).

Die von dem Gerichtsvollzieher nach Art. 1259 des bürgerlichen Gesetzbuchs aufzunehmende Verhandlung in der erforderlichen Anzahl von Abschriften vertritt die im §. 14 vorgeschriebene Erklärung.

Die Vorschriften des §. 11 Nr. 1 des Gesetzes vom 24. Juni 1861 über die Auszahlung des hinterlegten Geldes an den Hinterleger bleiben in Kraft.

§. 19.

In den Geltungsbereichen des allgemeinen Landrechts und des gemeinen Rechts finden auf Hinterlegungen, welche der Schuldner eines Geldbetrages bewirkt, um von seiner Verbindlichkeit sich zu befreien, die nachstehenden Bestimmungen Anwendung.

Für die Annahme des Geldes bedarf es keiner vorgängigen richterlichen Entscheidung oder Anordnung.

In der nach §. 14 erforderlichen Erklärung muß der Gläubiger, für welchen die Hinterlegung erfolgt, bezeichnet werden.

Die Wirkungen der rechtmäßig erfolgten Hinterlegung treten gegen den Gläubiger im Fall der Einsendung des Geldes durch die Post mit der Aufgabe desselben zur Post ein.

Der Schuldner hat den Gläubiger von der Hinterlegung durch Mittheilung der Urschrift oder einer beglaubigten Abschrift der mit der Bescheinigung der Kasse versehenen Erklärung (§. 16), soweit es thunlich, sofort zu benachrichtigen. Bei Unterlassung ist er zum Schadenersatz verpflichtet.

Der Schuldner kann das hinterlegte Geld zurücknehmen, wenn er die Zurücknahme in der nach §. 14 erforderlichen Erklärung sich ausdrücklich vorbehalten hat. Die Zurücknahme ist nicht mehr zulässig, wenn der Hinterlegungsstelle eine Annahmeerklärung des Gläubigers oder eine die Hinterlegung für rechtmäßig erklärende rechtskräftige gerichtliche Entscheidung vorgelegt worden ist.

§. 20.

Ist der Hinterleger durch Entscheidung oder Anordnung der zuständigen Behörde zur Hinterlegung für berechtigt oder verpflichtet erklärt, so darf die Annahme nicht auf Grund der Unzulässigkeit einer Hinterlegung abgelehnt werden.

Die Entscheidung oder Anordnung ist der nach §. 14 erforderlichen Erklärung in Ausfertigung oder in Abschrift beizufügen. Die Kasse behält das beigefügte Schriftstück zurück.

§. 21.

Ersucht die für die Rechtsangelegenheit zuständige Behörde um Annahme eines in der Angelegenheit zu hinterlegenden Betrages, so findet die Vorschrift des §. 20 Abs. 1 Anwendung.

§. 22.

Das Gesuch um Auszahlung ist bei der Hinterlegungsstelle schriftlich einzureichen. Demselben ist der Nachweis der Berechtigung zur Empfangnahme beizufügen.

§. 23.

Der Berechtigte ist binnen zehn Tagen nach Eingang des Gesuchs zu benachrichtigen, daß die Kasse zur Zahlung des Betrages an ihn angewiesen sei, oder von dem der Auszahlung entgegenstehenden Hinderniß in Kenntniß zu setzen.

§. 24.

Die Auszahlung von Beträgen, welche im Wege des Arrestes gepfändet, oder nach den bisherigen Vorschriften mit Arrest belegt sind, findet nicht statt, so lange der Arrest zwischen den betheiligten Parteien nicht beseitigt ist.

Die vorstehende Bestimmung findet entsprechende Anwendung auf einstweilige Verfügungen, sowie auf die im Bezirk des Appellationsgerichtshofes in Cöln durch einen Gerichtsvollzieher zugestellten Einsprüche.

§. 25.

Innerhalb des Gebiets des Deutschen Reichs geschieht, wenn der Berechtigte in dem Gesuche um Auszahlung es beantragt und soweit die Posteinrichtungen es gestatten, die Uebersendung des Betrages durch die Post. Kann die Uebersendung mittels einer Postanweisung geschehen, so ist sie auf diesem Wege zu bewirken.

Uebersteigt der zu übersendende Betrag die Summe von dreitausend Mark, so darf die Uebersendung durch die Post nur geschehen, wenn die Unterschrift des Berechtigten durch eine zur öffentlichen Beglaubigung von Unterschriften zuständige Behörde oder Urkundsperson beglaubigt ist. Der Aufnahme eines Protokolls über die Beglaubigung und der Zuziehung von Zeugen bedarf es nicht.

Die Kosten und die Gefahr der Uebersendung trägt der Berechtigte. Der Betrag des Portos ist von dem zu übersendenden Betrage zu kürzen.

In die im §. 23 vorgeschriebene Benachrichtigung ist eine Mittheilung über die Absendung des Geldes aufzunehmen.

Der Postschein dient der Kasse als Rechnungsbeleg.

§. 26.

Hat der Empfangsberechtigte im Auslande seinen Wohnort oder Aufenthaltsort, so kann auf seinen Antrag die Uebersendung des Betrages an ihn durch die Post geschehen, sofern das den Antrag enthaltende Gesuch mindestens der Unterschrift nach beglaubigt ist. Ob im Falle der Beglaubigung oder der Aufnahme des Gesuchs durch eine Behörde oder Urkundsperson des Auslandes die Legalisation zu erfordern ist, hat die Hinterlegungsstelle zu ermessen.

Wird dem Verlangen entsprochen, so finden die Vorschriften der drei letzten Absätze des §. 25 und die Vorschrift des §. 25 Abs. 1 über die Uebersendung mittels Postanweisung entsprechende Anwendung.

§. 27.

Findet die Uebersendung durch die Post nicht statt, so erfolgt die Auszahlung, sofern nicht besondere Umstände die Auszahlung unmittelbar bei der Kasse begründen, bei einer dem Wohnort des Empfängers nahe gelegenen oder einer sonstigen in dem Gesuch zu bezeichnenden Hinterlegungskasse oder Spezialkasse.

In der im §. 23 vorgeschriebenen Benachrichtigung ist die Kasse, bei welcher die Auszahlung erfolgen soll, zu bezeichnen.

§. 28.

Die Hinterlegungsstelle ist zur Berücksichtigung einer durch Heirath des Berechtigten, durch Abtretung der Forderung oder durch sonstige Umstände eingetretenen Aenderung in der Empfangsberechtigung nur verpflichtet, sofern ihr die Aenderung von einem Betheiligten schriftlich angezeigt ist.

§. 29.

Wenn die Hinterlegungsstelle von einem der Auszahlung entgegenstehenden Hinderniß erst nach Abgang des Auftrages zur Auszahlung an eine andere Hinterlegungskasse oder an eine

Spezialkasse in Kenntniß gesetzt wird, so kann die Staatskasse nicht aus dem Grunde in Anspruch genommen werden, weil bei der in Gemäßheit des Auftrages bewirkten Auszahlung das Hinderniß nicht berücksichtigt worden ist.

Der Auftrag ist jedoch für den Fall, daß derselbe noch nicht ausgeführt sein sollte, zurückzunehmen.

§. 30.

Das Gesuch um Auszahlung darf, unbeschadet der Vorschrift des §. 24, nicht zurückgewiesen werden:

1. wenn durch rechtskräftige Entscheidung die Berechtigung zur Empfangnahme festgestellt oder die Auszahlung von der zuständigen Behörde angeordnet ist;
2. wenn der Antrag auf eine von der zuständigen Behörde auf die Hinterlegungsstelle ausgestellte Anweisung sich gründet;
3. wenn die Auszahlung durch Erklärung sämmtlicher Betheiligten bewilligt ist.

§. 31.

Ersucht die für die Rechtsangelegenheit zuständige Behörde um Auszahlung des hinterlegten Geldes an sie selbst oder an eine in dem Ersuchen bezeichnete Person, so darf das Ersuchen nicht abgelehnt werden.

Wenn gegen die Auszahlung ein Hinderniß sich ergiebt, so ist dasselbe unter Aussetzung der Auszahlung der ersuchenden Behörde mitzutheilen. Dem weiteren Ersuchen, die Auszahlung ungeachtet des Hindernisses zu bewirken, hat die Hinterlegungsstelle zu genügen.

§. 32.

Ist hinterlegtes Geld nach Maßgabe der vorstehenden Bestimmungen ausgezahlt, so kann die Staatskasse auf Grund eines besseren Rechts zum Empfang nicht in Anspruch genommen werden.

§. 33.

Wird die Verwaltung eines Vermögens oder eines Vermögensstücks unter Aufsicht eines Gerichts oder einer sonstigen öffentlichen Behörde geführt, so kann die Hinterlegungsstelle die Auszahlung hinterlegten Geldes an den Verwalter (Vormund, Pfleger, Kurator, Konkursverwalter) von der Beibringung einer

Bescheinigung der Aufsichtsbehörde über die Legitimation des Verwalters zur Empfangnahme abhängig machen. Die Bescheinigung ist nach dem Ermessen der Aufsichtsbehörde für die Dauer des Amts des Verwalters ein- für allemal oder für den einzelnen Fall zu ertheilen.

Die Beibringung der Bescheinigung ist nicht zu verlangen:

1. wenn die Aufsichtsbehörde die Empfangnahme durch den Verwalter genehmigt;
2. bei Auszahlung an einen Vormund (Pfleger):
   a) wenn der Gegenvormund die Empfangnahme genehmigt;
   b) wenn aus der vorgelegten Bestallung sich ergiebt, daß der Vormund zur Einziehung von Kapitalien der Genehmigung eines Gegenvormundes nicht bedarf;
   c) wenn die Ausfertigung eines die Empfangnahme durch den Vormund genehmigenden Beschlusses des Familienraths vorgelegt wird;
3. bei Auszahlung an den Verwalter eines nach dem Inkrafttreten der Deutschen Konkursordnung eröffneten Konkursverfahrens, wenn das Konkursgericht bescheinigt, daß ein Gläubigerausschuß nicht bestellt ist.

Ist die im ersten Absatz bezeichnete Bescheinigung beigebracht oder nach den Vorschriften des zweiten Absatzes nicht zu verlangen, so kann die Staatskasse auf Grund eines Mangels der Legitimation des Verwalters zum Empfang des ihm ausgezahlten Geldes nicht in Anspruch genommen werden.

§. 34.

Im Geltungsbereich des rheinischen Rechts muß bei Zahlungen an kollozirte Gläubiger die Quittung und die Einwilligung in die Löschung der Eintragung notariell ertheilt werden.

§. 35.

Die Gebühr des Gerichtsvollziehers für die Beurkundung der Aufgabe des Geldes zur Post (§. 17) beträgt achtzig Pfennig. Die Urkunde unterliegt, wenn der Betrag des Geldes die Summe von hundertundfünfzig Mark erreicht, einer Stempelabgabe von fünfzig Pfennig. Bei einem geringeren Betrage ist dieselbe stempelfrei.

Die Beglaubigung der Unterschriften der Gesuche um Auszahlung im Falle des §. 25 Abs. 2 ist stempelfrei. Geschieht die Beglaubigung gerichtlich oder notariell, so ist für dieselbe eine Gebühr von drei Mark zu entrichten.

Dritter Titel.

Hinterlegung von Werthpapieren und Kostbarkeiten.

§. 36.

Werthpapiere und Kostbarkeiten werden unverändert verwahrt.

Münzen und Werthzeichen können als Kostbarkeiten hinterlegt werden.

§. 37.

Werthpapiere auf Inhaber werden durch die Hinterlegungsstelle nur auf Antrag des Hinterlegers außer Kurs gesetzt. Ist die Außerkurssetzung durch die Hinterlegungsstelle erfolgt, so hat dieselbe vor der Herausgabe die Wiederinkurssetzung zu bewirken.

§. 38.

Die Hinterlegungskasse ist nicht verpflichtet:

1. Die Ausloosung oder Kündigung der Werthpapiere zu überwachen;
2. für die Einziehung neuer Zins- oder Dividendenscheine oder der Beträge fälliger Zins- oder Dividendenscheine von Amtswegen zu sorgen.

§. 39.

Auf das Verfahren finden die Vorschriften der §§. 12 bis 17, 19 bis 33, 35 entsprechende Anwendung, soweit nicht Abweichungen aus den Bestimmungen dieses Titels sich ergeben.

Die Vorschriften des Art. 1264 des rheinischen bürgerlichen Gesetzbuchs werden durch die Bestimmungen dieses Titels nicht berührt.

§. 40.

Die nach §. 14 erforderliche Erklärung muß an Stelle der in Nr. 2 vorgeschriebenen Angaben enthalten:

1. bei Hinterlegung von Werthpapieren:
   a) die Bezeichnung der Werthpapiere nach Gattung, Nummern und Nennbetrag, sowie nach den etwaigen sonstigen Unterscheidungsmerkmalen;

b) falls mit den Werthpapieren die zu denselben gehörigen Talons oder Zins- oder Dividendenscheine hinterlegt werden, die hierauf bezüglichen Angaben;
c) falls Talons oder Zins- oder Dividendenscheine zu Werthpapieren hinterlegt werden, welche bei der Kasse sich bereits in Verwahrung befinden, eine Bezugnahme auf die in Betreff der Werthpapiere selbst vorgelegte Erklärung;

2. bei Hinterlegung von Kostbarkeiten die Bezeichnung derselben nach Gattung und Stoff sowie nach den etwaigen sonstigen Unterscheidungsmerkmalen und besonderen Eigenschaften.

§. 41.

Wenn Werthpapiere an einem Hinterlegungstage unmittelbar der Kasse übergeben werden, so ist ein einstweiliger Empfangsschein sofort zu ertheilen und die im §. 16 vorgeschriebene Bescheinigung dem Hinterleger oder dem, welcher in dessen Vertretung die Hinterlegung bewirkt hat, binnen drei Tagen nach der Uebergabe zuzusenden.

§. 42.

Kostbarkeiten kann die Hinterlegungsstelle durch einen Sachverständigen abschätzen oder behufs der Feststellung ihrer Beschaffenheit und ihres Zustandes besichtigen lassen.

Der Bescheinigung über die erfolgte Hinterlegung ist eine Abschrift des Gutachtens beizufügen und, daß dies geschehen, in der Bescheinigung zu vermerken.

Die durch die Abschätzung oder Besichtigung veranlaßten Kosten hat der Hinterleger zu tragen.

Die Einziehung der Kosten geschieht in dem für die Beitreibung der öffentlichen Abgaben vorgeschriebenen Verfahren. Vor Erstattung derselben kann die Herausgabe der hinterlegten Sache nicht beansprucht werden.

§. 43.

Die Vorschriften des §. 25 Abs. 2 finden auf die Uebersendung von Werthpapieren und Kostbarkeiten an den Berechtigten Anwendung, wenn der Werth des zu übersendenden Gegenstandes den Betrag von dreitausend Mark übersteigt.

Der Werth von Kostbarkeiten, deren Abschätzung stattgefunden hat, bestimmt sich nach dem Ergebniß der Abschätzung. Im Uebrigen tritt die Schätzung der Hinterlegungskasse ein. Bei Werthpapieren, welche einen Börsenpreis haben, ist der Kurswerth der Schätzung zu Grunde zu legen.

§. 44.

Die zum Zweck der Herausgabe an den Berechtigten erfolgende Uebersendung von Werthpapieren und Kostbarkeiten an die Kasse einer anderen Hinterlegungsstelle oder an eine Spezialkasse geschieht auf Kosten und Gefahr des Berechtigten durch die Post.

§. 45.

Zur Deckung der Kosten einer Uebersendung durch die Post kann ein Vorschuß verlangt und von der Leistung desselben die Uebersendung abhängig gemacht werden. Auf die Kosten finden die Vorschriften im letzten Absatz des §. 42 Anwendung.

§. 46.

Die Vorschriften des §. 33 Abs. 1, 2 finden auf die Herausgabe von Werthpapieren oder Kostbarkeiten an einen Vormund (Pfleger) keine Anwendung. Die Genehmigung des Vormundschaftsgerichts oder des Gegenvormundes ist nicht erforderlich.

§. 47.

Auf das Verfahren bei Hinterlegung von Werthpapieren und Kostbarkeiten, welche in Gemäßheit des §. 60 Abs. 1 der Vormundschaftsordnung auf Anordnung des Vormundschaftsgerichts in Verwahrung genommen werden sollen, kommen, sofern nicht eine vorläufige Verwahrung (§. 74 Nr. 2) oder die Hinterlegung bei der Reichsbank geschieht, die besonderen Vorschriften der §§. 48 bis 51 zur Anwendung.

§. 48.

Die Hinterlegung geschieht auf Grund einer dem Vormunde (Pfleger) von dem Vormundschaftsgericht zu ertheilenden Anweisung.

§. 49.

Die Anweisung muß außer den in dem §. 40 Nr. 1, 2 vorgeschriebenen Angaben enthalten:

1. den Namen, Stand oder Gewerbe und Wohnort des Vormundes;

2. den Namen, Wohnort und, soweit es thunlich, das Alter und den Stand oder das Gewerbe des Mündels oder die Bezeichnung der Angelegenheit, in welcher die Hinterlegung erfolgen soll;
3. die Angabe des Grundes, aus welchem die Vormundschaft eingeleitet worden ist;
4. die Bezeichnung der Hinterlegungsstelle, bei welcher die Hinterlegung erfolgen soll.

§. 50.

Bei der Uebergabe zur Hinterlegung ist die Anweisung nebst einer Abschrift derselben vorzulegen oder mit den zu hinterlegenden Gegenständen einzusenden. Die Kasse behält die Abschrift zurück und bescheinigt auf der Anweisung die erfolgte Hinterlegung.

§. 51.

Zur Herausgabe an den Vormund bedarf es der Genehmigung des Vormundschaftsgerichts.

§. 52.

Im Fall des §. 60 Abs. 3 der Vormundschaftsordnung bedarf es für die Hinterlegung keiner Mitwirkung des Vormundschaftsgerichts. Es genügt die Beobachtung der Vorschriften der §§. 14, 15, 40 dieses Gesetzes.

Vierter Titel.

Einstellung der Verzinsung und Aufgebot.

§. 53.

Die Verzinsung hinterlegten Geldes ist mit dem Ablauf von zehn Jahren, vom Beginn der Verzinsung an gerechnet, einzustellen.

§. 54.

Wenn ein Betheiligter vor Ablauf der Frist unter dem Nachweis der Fortdauer der Veranlassung zur Hinterlegung die Fortsetzung der Verzinsung beantragt, so beginnt die Einstellung der Verzinsung erst mit dem Ablauf von zehn Jahren, vom Ende des Monats an gerechnet, in welchem das den Antrag enthaltende Gesuch bei der Hinterlegungsstelle angebracht ist.

§. 55.

Wird nach Einstellung der Verzinsung ein den Vorschriften des §. 54 entsprechendes Gesuch bei der Hinterlegungsstelle angebracht, so tritt die Verzinsung mit dem ersten Tage des nächstfolgenden Monats wieder ein.

§. 56.

Im Fall der Zurückweisung eines Gesuchs um Auszahlung des Geldes finden in Ansehung der Fortsetzung der Verzinsung die §§. 54, 55 entsprechende Anwendung, wenn anzunehmen ist, daß zur Zeit der Anbringung des Gesuchs die Veranlassung zur Hinterlegung noch fortdauerte.

§. 57.

Spätestens zwei Wochen vor Beginn jedes Kalendervierteljahres ist ein Verzeichniß der Massen, bei welchen im Lauf des Vierteljahres die Einstellung der Verzinsung bevorsteht, durch Anheftung an die Gerichtstafel der Amtsgerichte im Bezirk der Hinterlegungsstelle und durch einmalige Einrückung in den Anzeiger der innerhalb dieses Bezirks erscheinenden Amtsblätter öffentlich bekannt zu machen.

In das Verzeichniß sind die im §. 14 Abs. 2 Nr. 1, 2, Abs. 3, §. 19 Abs. 3 bezeichneten Angaben sowie der wesentliche Inhalt der im §. 14 Abs. 2 Nr. 3 bezeichneten Angabe aufzunehmen. Die Angabe des Vertreters des Hinterlegers (§. 14 Abs. 2 Nr. 1) ist nicht erforderlich.

Die anzuheftenden Verzeichnisse sind vor Ablauf von drei Monaten seit der Anheftung von dem Orte derselben nicht zu entfernen.

§. 58.

Hat binnen zwanzig Jahren nach der Einstellung oder nach der letzten Einstellung der Verzinsung die Auszahlung des Geldes nicht stattgefunden, so können die Betheiligten im gerichtlichen Aufgebotsverfahren zur Anmeldung ihrer Ansprüche aufgefordert werden.

§. 59.

Für das Verfahren ist das Amtsgericht zuständig, in dessen Bezirk die Hinterlegungsstelle ihren Sitz hat.

§. 60.

Zu dem Antrage auf Erlaß des Aufgebots ist die Hinterlegungsstelle berechtigt.

§. 61.

Zur Begründung des Antrags sind beizubringen:

1. die Urschrift oder eine Abschrift der bei der Hinterlegung vorgelegten Erklärung.
2. Ein Zeugniß der Behörde über den Tag, an welchem die Hinterlegung des Geldes bewirkt, sowie über den Tag, mit welchem die Verzinsung des Geldes eingestellt oder zuletzt eingestellt worden ist;
3. die bei der Hinterlegungsstelle angebrachten Gesuche um Fortsetzung der Verzinsung oder um Auszahlung des Geldes oder ein Zeugniß der Behörde, daß solche Gesuche nicht angebracht sind.

§. 62.

Als Rechtsnachtheil ist anzudrohen, daß die Ausschließung der Betheiligten mit ihren Ansprüchen gegen die Staatskasse erfolgen werde.

§. 63.

Die Vorschriften der §§. 58 bis 62 finden auf Geld, dessen Betrag die Summe von dreißig Mark nicht erreicht, sowie auf Werthpapiere und Kostbarkeiten entsprechende Anwendung, soweit nicht aus den nachfolgenden Bestimmungen sich Abweichungen ergeben.

§. 64.

Der Erlaß des Aufgebots kann beantragt werden mit Ablauf von dreißig Jahren, vom Ende des Monats an gerechnet, in welchem die Hinterlegung bewirkt ist.

§. 65.

Wenn ein Betheiligter vor Ablauf der Frist unter dem Nachweis der Fortdauer der Veranlassung zur Hinterlegung die Fortsetzung der Verwahrung beantragt, so ist der Antrag auf Erlaß des Aufgebots erst zulässig mit Ablauf von zwanzig Jahren, vom Ende des Monats an gerechnet, in welchem das den Antrag auf Fortsetzung der Verwahrung enthaltende Gesuch bei der Hinterlegungsstelle angebracht ist. Vor Ablauf der im §. 64 bestimmten Frist ist der Antrag auf Erlaß des Aufgebots nicht zulässig.

§. 66.

Im Fall der Anbringung eines Gesuchs um Herausgabe von Zins- oder Dividendenscheinen oder von Talons hinterlegter

Werthpapiere, sowie im Fall der Zurückweisung eines Gesuchs um Auszahlung hinterlegten Geldes (§. 63) oder um Herausgabe hinterlegter Werthpapiere oder Kostbarkeiten finden die Vorschriften des §. 65 entsprechende Anwendung, wenn anzunehmen ist, daß zur Zeit der Anbringung des Gesuchs die Veranlassung zur Hinterlegung noch fortdauerte.

§. 67.

Die Vorschriften der §§. 64 bis 66 finden keine Anwendung, wenn die Hinterlegung erfolgt ist:

1. nach Inhalt der bei derselben vorgelegten Erklärung oder Anweisung auf Grund des §. 60 Abs. 1 oder Abs. 3 der Vormundschaftsordnung;
2. auf Ersuchen der Aufsichtsbehörde in einer Familienfideikommiß-, Lehens- oder Stiftungssache.

Der Erlaß des Aufgebots kann in diesen Fällen beantragt werden mit Ablauf von zwanzig Jahren, vom Ende des Monats an gerechnet, in welchem die Vormundschaft oder Pflegschaft, oder die Eigenschaft des Gegenstandes als Vermögensstück des Familienfideikommisses, des Lehens oder der Stiftung aufgehört hat.

§. 68.

Bei Werthpapieren und Kostbarkeiten ist als Rechtsnachtheil anzudrohen, daß die Ausschließung der Betheiligten mit ihren Ansprüchen gegen die Staatskasse und mit ihren Rechten an den Gegenständen erfolgen werde.

§. 69.

Mit der Verkündung des Ausschlußurtheils erlangt die Staatskasse die Befugniß zur freien Verfügung über die Gegenstände.

Zweiter Abschnitt.

Vorläufige Verwahrung bei den Amtsgerichten.

§. 70.

Die im §. 1 bezeichneten Gegenstände können bei den Amtsgerichten in vorläufige Verwahrung genommen werden.

§. 71.

Die Annahme zur vorläufigen Verwahrung und die Herausgabe aus derselben erfolgt auf Anordnung des Amtsgerichts.

§. 72.

Die vorläufige Verwahrung bei den Amtsgerichten hat in dem Verhältniß zwischen den Betheiligten die Wirkungen einer Hinterlegung.

§. 73.

Die vorläufige Verwahrung ist nur in dringenden Fällen zulässig.

§. 74.

Eine Dringlichkeit ist stets als vorhanden anzusehen:

1. wenn das Gericht den Gegenstand von Amtswegen in seinen Gewahrsam zu nehmen hat;
2. wenn eine Hinterlegung in Gemäßheit des §. 60 Abs. 1 oder 3 der Vormundschaftsordnung erfolgt und der Vormund die vorläufige Verwahrung verlangt;
3. wenn von der Hinterlegung abhängt:
   a) die Vollstreckbarkeit einer Entscheidung;
   b) der Beginn, die Fortsetzung, die einstweilige Einstellung, die Einstellung, die Beschränkung oder die Abwendung einer Zwangsvollstreckung;
   c) die Aufhebung einer erfolgten Vollstreckungsmaßregel;
   d) die Anordnung, Vollziehung, Bestätigung, Abänderung oder Aufhebung eines Arrestes, einer einstweiligen Verfügung oder einer sonstigen Sicherheitsmaßregel;
   e) die Freilassung des Angeschuldigten;
   f) der Aufschub der Strafvollstreckung.

§. 75.

Im Falle des §. 74 Nr. 1 ist, wenn die Absendung des Gegenstandes an die Hinterlegungsstelle nicht sofort bewirkt wird, die vorläufige Verwahrung von Amtswegen anzuordnen.

In den übrigen Fällen kommen, unbeschadet der Befugniß des Hinterlegers, die Hinterlegung bei der Hinterlegungsstelle zu bewirken, die Vorschriften der §§. 76 bis 78 zur Anwendung.

§. 76.

Die Verwahrung erfolgt:

1. in Civilprozeßsachen bei dem Amtsgericht, welches als Vollstreckungsgericht zuständig ist, oder in Ermangelung eines Vollstreckungsgerichts bei dem Amtsgericht, welches die Entscheidung erlassen hat, oder in dessen Bezirk das Gericht, von welchem die Entscheidung erlassen ist, seinen Sitz hat;
2. in Strafprozeßsachen bei dem Amtsgericht, welches die Entscheidung erlassen hat, oder in dessen Bezirk die Behörde, von welcher die Entscheidung erlassen ist, ihren Sitz hat;
3. in anderen als den unter Nr. 1, 2 bezeichneten Angelegenheiten bei dem Amtsgericht, welches für die Angelegenheiten zuständig ist, oder in dessen Bezirk das für die Angelegenheit zuständige Gericht seinen Sitz hat.

In den Fällen der Nr. 1, 2 kann in dem die Entscheidung enthaltenden Urtheil oder Beschluß oder durch eine nachträgliche Anordnung ein anderes als das unter Nr. 1, 2 bezeichnete Amtsgericht für die Annahme zur vorläufigen Verwahrung bestimmt werden.

§. 77.

Das Gesuch um die Annahme ist schriftlich in zwei Exemplaren einzureichen oder zum Protokoll des Gerichtsschreibers anzubringen. Dasselbe muß eine den Vorschriften des §. 14 Abs. 2, 3 oder des §. 40 entsprechende Erklärung enthalten. Wird die Annahme auf Grund einer Entscheidung oder Anordnung der für die Rechtsangelegenheit zuständigen Behörde beantragt, so ist eine Ausfertigung oder Abschrift der Entscheidung oder Anordnung beizufügen. Im Falle des §. 19 Abs. 1 finden die Vorschriften des §. 19 Abs. 3, 5, 6 entsprechende Anwendung.

§. 78.

Ueber die Annahme ist auf dem einen Exemplar des Gesuchs oder auf einer Abschrift des Protokolls sofort eine Bescheinigung zu ertheilen.

Die Bescheinigung ist von dem Amtsrichter und dem Gerichtsschreiber zu unterschreiben und mit dem Gerichtssiegel zu versehen.

§. 79.

Die vorläufig zu verwahrenden Gegenstände werden unter gemeinschaftlichem Verschluß des Amtsrichters und des Gerichtsschreibers aufbewahrt. Die Annahme und die Herausgabe ist von dem Amtsrichter und dem Gerichtsschreiber gemeinschaftlich zu bewirken. Bei der Buchführung sind die Vermerke über die Annahme und die Herausgabe von dem Amtsrichter und dem Gerichtsschreiber zu unterschreiben.

§. 80.

Bei den Amtsgerichten, welche der Justizminister bezeichnet, können die durch die Vorschriften der §§. 78 und 79 dem Amtsrichter und dem Gerichtsschreiber übertragenen Geschäfte zwei Gerichtsschreibern übertragen werden.

§. 81.

Geld wird ohne Vermischung mit anderem Gelde aufbewahrt.

§. 82.

Das Amtsgericht kann die Hinterlegung der Gegenstände bei der Hinterlegungsstelle jederzeit bewirken.

Es hat dieselbe zu bewirken, wenn nach seinem Ermessen anzunehmen ist, daß die Herausgabe nicht binnen sechs Wochen erfolgen werde.

§. 83.

Der Sendung an die Hinterlegungsstelle ist beizufügen:

1. im Falle des §. 74 Nr. 1 eine in Gemäßheit der Vorschriften des §. 14 Abs. 2, 3 oder des §. 40 aufzustellende Erklärung sowie, falls es sachgemäß erscheint, eine Abschrift der Entscheidung oder Anordnung, auf Grund deren die Hinterlegung erfolgt;
2. in den übrigen Fällen das zurückbehaltene Exemplar des Gesuchs oder das Protokoll unter Beifügung der Ausfertigung oder Abschrift der Entscheidung oder Anordnung.

Die Uebersendung erfolgt auf Kosten und Gefahr der Betheiligten. Eine Kürzung des Portos von dem zu übersendenden Betrage findet nicht statt.

§. 84.

Der in der Erklärung als Hinterleger oder als Vertreter des Hinterlegers bezeichneten Person ist eine Bescheinigung über die erfolgte Hinterlegung zu ertheilen. Eine Abschrift der Bescheinigung ist dem Amtsgericht mitzutheilen.

§. 85.

Geschieht die Herausgabe aus der vorläufigen Verwahrung an den Empfangsberechtigten durch das Amtsgericht, so erfolgt sie unmittelbar bei demselben oder unter entsprechender Anwendung der §§. 25, 26, 43, 45 mittels Uebersendung durch die Post.

§. 86.

Gegen den Beschluß, durch welchen die Annahme zur vorläufigen Verwahrung oder die Herausgabe aus derselben abgelehnt wird, findet die Beschwerde nach Maßgabe der §§. 532 bis 538 der Deutschen Civilprozeßordnung statt.

Dritter Abschnitt.

Hinterlegung der zur Annahme bei den Hinterlegungsstellen nicht geeigneten Gegenstände.

§. 87.

Für die gerichtliche Anordnung der Hinterlegung anderer als der im §. 1 bezeichneten Gegenstände und für das weitere Verfahren sind in Angelegenheiten, welche zu der streitigen Gerichtsbarkeit nicht gehören, die Amtsgerichte zuständig.

§. 88.

Wird in Gemäßheit der Vorschrift des §. 87 die Hinterlegung von Werthpapieren auf Namen, auf welche die Zahlung nicht jedem Inhaber geleistet werden kann, angeordnet, so kann das Amtsgericht die Gerichtsschreiberei mit der Verwahrung der Papiere beauftragen.

§. 89.

Soweit nach den bestehenden Vorschriften die gerichtliche Verwahrung letztwilliger Verfügungen stattfindet, erfolgt die Verwahrung bei den Amtsgerichten.

Auf das Verfahren finden die Bestimmungen der §§. 71, 79 entsprechende Anwendung.

Vierter Abschnitt.

Schlußbestimmungen.

§. 90.

Die Vorschriften des §. 20 des Ausführungsgesetzes zum Deutschen Gerichtsverfassungsgesetz über die Bestimmung des örtlichen Gerichtsstandes durch das Oberlandesgericht oder den Justizminister finden in den durch dieses Gesetz den Amtsgerichten zugewiesenen Angelegenheiten entsprechende Anwendung.

§. 91.

Für die Verhandlung und Entscheidung über die Rechtsmittel in den durch dieses Gesetz den Amtsgerichten zugewiesenen Angelegenheiten sind die Landgerichte zuständig. Die Vorschriften des §. 42, des §. 40 Abs. 2 und der §§. 51 bis 57 des Ausführungsgesetzes zum Deutschen Gerichtsverfassungsgesetz finden entsprechende Anwendung.

§. 92.

Die Hauptdepositenkasse in Kassel, die Depositenkasse in Cöln und die bei den Gerichten bestehenden Depositorien werden aufgehoben.

Die Hinterlegung gerichtlicher Depositen bei der kommunalständischen Sparkasse zu Wiesbaden und bei dem städtischen Rechneiamt in Frankfurt a. M. findet nicht mehr statt.

§. 93.

Die Hinterlegungsstellen (§§. 1, 2) treten für die Hinterlegung (Deposition, Niederlegung, Verwahrung) der im §. 1 bezeichneten Gegenstände, sofern dieselbe nach gesetzlicher Vorschrift bei Gericht oder bei einer sonstigen zur Annahme von Depositen bestimmten oder ermächtigten Behörde, Anstalt oder Kasse zu geschehen hat, an Stelle der Gerichte, sowie jener Behörden, Anstalten oder Kassen.

Durch die vorstehende Bestimmung bleiben unberührt:

1. die Vorschriften, durch welche für die Hinterlegung in Abweichung von den allgemeinen Vorschriften eine besondere Hinterlegungsstelle zugelassen ist;
2. die Vorschriften des zweiten Abschnitts dieses Gesetzes.

§. 94.

Die Absonderung des unter dem Namen Hinterlegungsfonds bestehenden Fonds, sowie der Fonds der Hauptdepositenkasse in Kassel und der Depositenkasse in Cöln von dem übrigen Staatsvermögen wird aufgehoben.

Eine Trennung der Verwaltung dieser Fonds von der Verwaltung des übrigen Staatsvermögens findet nicht mehr statt.

§. 95.

Das in den gerichtlichen Depositorien der Bezirke der Appellationsgericht ein Kassel, Celle und Kiel, sowie das in Verwahrung der Gerichtsbehörden im Bezirk des Appellationsgerichts in Frankfurt a. M. und in vorläufiger Verwahrung (Asservation) der Gerichtsbehörden im Geltungsbereich der Verordnung vom 2. Januar 1849 befindliche Geld ist an die Hinterlegungsstellen abzugeben.

Ist nach Ermessen des Gerichts anzunehmen, daß die Herausgabe binnen sechs Wochen erfolgen werde, so kann das Geld zur vorläufigen Verwahrung an das Amtsgericht abgegeben werden.

Im Falle der Abgabe an die Hinterlegungsstelle geht das Geld, soweit nicht die hinterlegten Münzen oder Werthzeichen als Kostbarkeiten aufzubewahren sind, in das Eigenthum des Staats über.

§. 96.

Die bei den im §. 94 bezeichneten Fonds vorhandenen Bestände sowie die im §. 95 Abs. 3 erwähnten Gelder sind zur Bestreitung solcher Ausgaben zu verwenden, zu deren Deckung durch besondere Gesetze die Aufnahme von Anleihen bewilligt ist, soweit letztere noch nicht begeben sind. Der Finanzminister wird ermächtigt, zu diesem Zwecke die nicht in baarem Gelde vorhandenen Bestände der bezeichneten Fonds nach Bedarf flüssig zu machen.

In Höhe der hiernach verfügbar gewordenen Beträge wird die durch jene besonderen Gesetze dem Finanzminister ertheilte Ermächtigung zur Ausgabe von Schuldverschreibungen außer Kraft gesetzt. Die Verwendung der Beträge zu dem in Abs. 1 bestimmten Zwecke unterliegt der Kontrole der Staatsschuldenverwaltung.

Ueber die erfolgte Verwendung ist dem Landtage alljährlich Rechenschaft zu geben. Die Einnahmen sowie die Ausgaben an hinterlegten Geldern, sowie die Einnahmen und Ausgaben an Zinsen sind im Etat ersichtlich zu machen.

§. 97.

Die bei der Hauptdepositenkasse in Kassel, bei den gerichtlichen Depositorien und bei den Gerichtsbehörden im Bezirk des Appellationsgerichts in Frankfurt a. M. in Verwahrung, sowie bei den Gerichtsbehörden im Geltungsbereich der Verordnung vom 2. Januar 1849 in vorläufiger Verwahrung (Asservation) befindlichen Werthpapiere (§. 1 Nr. 2, 3) und Kostbarkeiten sind an die Hinterlegungsstellen abzugeben.

Dasselbe gilt von den bei den Hauptkassen der Regierungen der Rheinprovinz und der Regierung in Wiesbaden in Gemäßheit des Gesetzes vom 19. Juli 1875 hinterlegten Werthpapieren und Kostbarkeiten, soweit diese Kassen nicht zur Kasse einer Hinterlegungsstelle bestimmt werden.

Auf die im Abs. 1 bezeichneten Werthpapiere und Kostbarkeiten, soweit sie nicht bei der Hauptdepositenkasse in Kassel sich in Verwahrung befinden, findet die Vorschrift des §. 95 Abs. 2 entsprechende Anwendung.

§. 98.

Die bei der kommunalständischen Sparkasse in Wiesbaden und bei dem städtischen Rechneiamt in Frankfurt a. M. hinterlegten Gelder, Werthpapiere (§. 1 Nr. 2, 3) und Kostbarkeiten können auf Antrag der Betheiligten an die Hinterlegungsstellen abgegeben werden.

Die Gefahr der Uebersendung an die Hinterlegungsstelle tragen die Betheiligten.

Auf die Hinterlegungen kommen die Vorschriften dieses Gesetzes mit dem Zeitpunkte zur Anwendung, zu welchem die Gegenstände bei der Hinterlegungsstelle eingehen. Bis zum Eingang ist, soweit die Herausgabe nach den bisherigen Vorschriften nur auf gerichtliche Verfügung erfolgt, für die Verfügung das Amtsgericht zuständig, auf welches die Angelegenheit übergegangen ist, oder in Ermangelung eines solchen Amtsgerichts das Amtsgericht des Orts, an welchem das bisher mit derselben befaßt gewesene Gericht seinen Sitz hatte.

§. 99.

Das Gericht hat für jede an die Hinterlegungsstelle abzugebende Masse eine den Vorschriften des §. 14 Abs. 2, 3, des §. 40 oder des §. 49 entsprechende Erklärung aufzustellen. Ein der Auszahlung oder Herausgabe nach §. 24 entgegenstehendes Hinderniß ist in der Erklärung anzugeben.

Dient das Depositorium eines Gerichts zugleich als Depositorium eines anderen Gerichts, so ist für die Massen, deren Annahme zur Hinterlegung auf Verfügung des anderen Gerichts stattgefunden hat, von diesem die Erklärung aufzustellen und nebst einer Abschrift dem das Depositorium verwaltenden Gericht zu übersenden.

Betrifft die Erklärung Kostbarkeiten, deren Abschätzung stattgefunden hat, so ist das Gutachten über die Abschätzung in die Erklärung aufzunehmen oder derselben in Urschrift oder in Abschrift beizufügen.

§. 100.

Die Erklärungen sind nebst einer Abschrift der Formel der Entscheidung oder Anordnung, durch welche der Hinterleger zur Hinterlegung für berechtigt oder verpflichtet erklärt ist, gleichzeitig mit der Absendung der Gegenstände der Hinterlegungsstelle zu übersenden. Eine Abschrift der Erklärung ist den Betheiligten zu ertheilen.

§. 101.

Ist nach Abgabe der Masse an die Hinterlegungsstelle die Auszahlung oder Herausgabe an den Empfänger nach Maßgabe des Inhalts der Erklärung bewirkt, so kann bei einer Verschiedenheit zwischen dem Inhalt der Erklärung und dem Inhalt der Gerichtsakten die Staatskasse von einem besser zum Empfang Berechtigten nicht aus dem Grunde in Anspruch genommen werden, weil die Weisung zur Auszahlung oder Herausgabe nicht nach Maßgabe des Inhalts der Gerichtsakten ertheilt ist.

§. 102.

Hat im Geltungsbereich des allgemeinen Landrechts oder des gemeinen Rechts ein Schuldner vor dem Inkrafttreten dieses Gesetzes Geld, Werthpapiere (§. 1 Nr. 2, 3) oder Kostbarkeiten hinterlegt, um von seiner Verbindlichkeit sich zu befreien, so bestimmt sich die Berechtigung des Schuldners zur Zurücknahme nach den bisherigen Vorschriften.

Zur Auszahlung oder Herausgabe an den Schuldner bedarf es einer gerichtlichen Entscheidung oder Anordnung.

Für die Anordnung ist, wenn die Angelegenheit zu der streitigen Gerichtsbarkeit nicht gehört, das Amtsgericht zuständig, auf welches die Angelegenheit übergegangen ist, oder, in Ermangelung eines solchen Amtsgerichts, das Amtsgericht des Orts, an welchem das bisher mit derselben befaßt gewesene Gericht seinen Sitz hatte.

§. 103.

Im Bezirk des Appellationsgerichts in Kassel, im Bezirk des Appellationsgerichts in Celle mit Ausschluß der Gebietstheile, in welchen die Preußische Depositalordnung vom 15. September 1783 gilt, und in dem Bezirk des Kreisgerichts in Ratzeburg ist, wenn die Hinterlegung vor dem Inkrafttreten dieses Gesetzes erfolgt ist, dem Antrage auf Auszahlung oder Herausgabe der Hinterlegungsschein (Depositenschein) oder ein rechtskräftiges Urtheil, durch welches der Schein für kraftlos erklärt worden ist, oder eine gerichtliche Entscheidung oder Anordnung, nach welcher die Auszahlung oder Herausgabe von der Zurücklieferung und Kraftloserklärung des Scheins nicht abhängig zu machen ist, beizufügen. Auf die Anordnung findet die Vorschrift des §. 102 Abs. 3 entsprechende Anwendung.

§. 104.

Die in Verwahrung der aufgehobenen Gerichte befindlichen letztwilligen Verfügungen sind an die Amtsgerichte abzugeben.

Sind in dem Bezirk des mit der Verwahrung bisher befaßt gewesenen Gerichts mehrere Amtsgerichte errichtet, so kann der Testator unter den mehreren Amtsgerichten das Amtsgericht bezeichnen, an welches die letztwillige Verfügung abgegeben werden soll. Die Bezeichnung muß vor dem Inkrafttreten dieses Gesetzes in einem schriftlichen oder zu gerichtlichem Protokoll erklärten Gesuch erfolgen.

In Ermangelung eines solchen Gesuchs geschieht die Abgabe an das Amtsgericht des Orts, an welchem das mit der Verwahrung bisher befaßt gewesene Gericht seinen Sitz hatte.

§. 105.

Die in Verwahrung der bisherigen Gerichte befindlichen Werthpapiere auf Namen, auf welche die Zahlung nicht jedem Inhaber geleistet werden kann, sind an die Amtsgerichte abzugeben.

§. 106.

Auf die Massen, welche von den bisherigen Hinterlegungsstellen an die auf Grund dieses Gesetzes errichteten Hinterlegungsstellen abgegeben werden, finden die Vorschriften über die Einstellung der Verzinsung und das Aufgebot mit der Maßgabe Anwendung:

1. daß die in den §§. 53, 64 bestimmten Fristen mit dem Tage des Inkrafttretens dieses Gesetzes beginnen;
2. daß an Stelle der im §. 61 Nr. 1 bezeichneten Erklärung die Urschrift oder eine Abschrift der der Hinterlegungsstelle bei Abgabe der Masse an dieselbe eingesandten Erklärung tritt.

§. 107.

Im Bezirk des Appellationsgerichts in Kassel kommen die nachstehenden Bestimmungen zur Anwendung:

Ist auf Grund der bisherigen Vorschriften die Verzinsung hinterlegten Geldes vor dem Inkrafttreten dieses Gesetzes eingestellt, so tritt die Verzinsung nur nach Maßgabe der Bestimmungen der §§. 55, 56 wieder ein. Die im §. 58 bestimmte Frist beginnt mit dem Tage, an welchem die Einstellung der Verzinsung stattgefunden hat.

Die Verzinsung der von der Civilwittwen- und Waisenanstalt, der Civilwittwen- und Waisengesellschaft und der Militärwittwenkasse an die Hauptdepositenkasse in Kassel zurückgezahlten Depositengelder wird mit dem Inkrafttreten dieses Gesetzes eingestellt. In Ansehung dieser Gelder beginnt die im §. 58 bestimmte Frist mit dem Tage, an welchem die Ablieferung zur zinsfreien Benutzung an eine jener Wittwenkassen stattgefunden hat.

Für das Aufgebot von Geld, welches nach den bisherigen Vorschriften nicht verzinst wird, weil dessen Betrag die Summe von dreißig Mark nicht erreicht, beginnt die im §. 64 bestimmte Frist mit dem Tage, an welchem die Hinterlegung bewirkt ist.

In den Fällen der Abs. 3, 4 ist der Antrag auf Erlaß des Aufgebots vor Ablauf eines Jahres, vom Tage des Inkrafttretens dieses Gesetzes an gerechnet, nicht zulässig.

§. 108.

Die im §. 391 des Anhangs zur allgemeinen Gerichtsordnung vorgeschriebene öffentliche Bekanntmachung und die Ablieferung von Depositalmassen an die Justizoffizianten-Wittwenkasse finden nicht mehr statt. Die Vorschriften des §. 108 der Grundbuchordnung treten außer Kraft.

§. 109.

Die nach den Vorschriften des §. 99 den bisherigen Gerichten zugewiesenen Geschäfte sind vor dem Inkrafttreten dieses Gesetzes zu erledigen.

Durch Anordnung des Finanzministers und des Justizministers kann bestimmt werden, inwieweit die Vorschriften des §. 95 Abs. 1, 2 und der §§. 97, 100 vor dem Inkrafttreten dieses Gesetzes zur Ausführung zu bringen sind. In Ansehung der Ausführung des §. 104 Abs. 1 und des §. 105 ist der Justizminister zum Erlaß einer solchen Anordnung ermächtigt.

§. 110.

Dieses Gesetz tritt, unbeschadet der Vorschriften des §. 104 Abs. 2 und des §. 109, gleichzeitig mit dem Deutschen Gerichtsverfassungsgesetz in Kraft.

Mit der Ausführung desselben werden der Finanzminister und der Justizminister beauftragt.

Urkundlich unter Unserer Höchsteigenhändigen Unterschrift und beigedrucktem Königlichen Insiegel.

Gegeben Berlin, den 14. März 1879.

(L. S.) **Wilhelm.**

Gr. zu Stolberg. Leonhardt. Falk. v. Kameke.
Friedenthal. v. Bülow. Hofmann.
Gr. zu Eulenburg. Maybach. Hobrecht.

X.

Ausführungsgesetz

vom 24. März 1879

zur

Deutschen Civilprozeßordnung

vom 30. Januar 1877.

X.

Ausführungsgesetz

vom 24. März 1879

zur

Deutschen Civilprozeßordnung

vom 30. Januar 1877.

Wir Wilhelm, von Gottes Gnaden König von Preußen rc. verordnen, unter Zustimmung der beiden Häuser des Landtages der Monarchie, was folgt:

§. 1.

Zustellungen in gerichtlichen Angelegenheiten, welche zu der ordentlichen streitigen Gerichtsbarkeit nicht gehören, erfolgen, sofern sie beurkundet werden sollen, unter entsprechender Anwendung der Vorschriften der §§. 152 bis 159, 165 bis 174, 176 bis 179, 182 bis 185, 187 bis 189 der Deutschen Civilprozeßordnung, öffentliche Zustellungen in nicht streitigen Angelegenheiten, soweit sie nach den bestehenden Vorschriften zulässig sind, unter entsprechender Anwendung der die Zustellung von Ladungen betreffenden Vorschriften.

Die Auseinandersetzungsbehörden können sich an Stelle der Gerichtsvollzieher anderer Beamten zur Bewirkung von Zustellungen bedienen; geschieht dieses, so finden die Vorschriften der §§. 156, 172 bis 174 der Deutschen Civilprozeßordnung nicht Anwendung.

Auch in nicht gerichtlichen Rechtsangelegenheiten können die Betheiligten zur Bewirkung von Zustellungen sich der Gerichtsvollzieher bedienen. Die Zustellungen erfolgen in diesem Falle nach den Vorschriften der §§. 153, 155 bis 159, 165 bis 174, 176 bis 178 der Deutschen Civilprozeßordnung. Solche Zustellungen vertreten die Stelle einer gerichtlichen Bekanntmachung.

§. 2.

Die zulässige Berufung auf den Rechtsweg gegen nicht richterliche Entscheidungen erfolgt nur durch Erhebung der Klage.

§. 3.

Die für die Vermögensverwaltung der Deutschen Landesherren und der Mitglieder der Deutschen landesherrlichen Familien, sowie der Mitglieder der Fürstlichen Familie Hohenzollern bestehenden Behörden gelten im Sinne der Vorschriften der Deutschen Civilprozeßordnung als gesetzliche Vertreter derselben für alle zu ihrem Geschäftskreise gehörigen Gegenstände mit den Rechten und Pflichten der gesetzlichen Vertreter einer nicht prozeßfähigen Partei. Die Partei ist jedoch zur Ableistung eines Eides, unbeschadet des Rechts der Ableistung durch einen Bevollmächtigten, selbst verpflichtet, wenn der Eid eine Thatsache betrifft, welche in einer eigenen Handlung der Partei besteht oder Gegenstand ihrer eigenen Wahrnehmung gewesen ist.

§. 4.

Die Vorschriften der Deutschen Civilprozeßordnung über den Umfang der Verpflichtung dritter Personen zur Vorlegung von Urkunden (§§. 387, 394), über die Berechtigung zur Verweigerung eines Zeugnisses (§§. 348 bis 350), über die Verpflichtung zur Erstattung eines Gutachtens (§§. 372, 373), über die Vernehmung und Beeidigung von Zeugen und Sachverständigen (§§. 341, 347, 356, 357, 359 bis 363, 375), über die zur Erzwingung eines Zeugnisses oder Gutachtens zulässigen Maßregeln (§§. 345, 355, 374) und über das Verfahren bei der Abnahme von Eiden (§§. 440 bis 446) finden in bürgerlichen Rechtsstreitigkeiten, welche zu der ordentlichen streitigen Gerichtsbarkeit nicht gehören, entsprechende Anwendung.

§. 5.

Die Verordnung vom 28. Juni 1844 tritt außer Kraft.

In den Landestheilen, in welchen vor der Ehescheidung wegen böslicher Verlassung auf Antrag eines Ehegatten ein richterlicher Befehl zur Herstellung des ehelichen Zusammenlebens zu erlassen ist, wird derselbe von dem Amtsgericht und, wenn die Klage auf Herstellung des ehelichen Lebens, die Ehescheidungsklage oder die Ungültigkeitsklage anhängig ist, von dem Prozeßgericht erlassen. Die Zuständigkeit des Amtsgerichts bestimmt sich nach Maßgabe der Vorschriften des §. 568 der Deutschen Civilprozeßordnung.

Ist der Befehl nicht in Gegenwart des Gegners verkündet, so hat der Antragsteller den Befehl zustellen zu lassen.

Gegen den Beschluß, durch welchen der Antrag auf Erlaß des Befehles zurückgewiesen wird, findet Beschwerde nach den Vorschriften der §§. 530 bis 538 der Deutschen Civilprozeßordnung statt.

Die bösliche Verlassung darf nicht schon deshalb als festgestellt angenommen werden, weil der erlassene Befehl nicht befolgt ist.

§. 6.

Auf die nach den Vorschriften des Allgemeinen Landrechts Thl. II Tit. 1 §. 709 zu erlassenden gerichtlichen Besserungsbefehle finden die Vorschriften des §. 5 entsprechende Anwendung.

§. 7.

Die bei Klagen auf Ehescheidung oder auf Herstellung des ehelichen Lebens nach den Vorschriften des bürgerlichen Rechts zulässigen einstweiligen Verfügungen (§. 584 der Deutschen Civilprozeßordnung) dürfen erst erlassen werden, nachdem die Anberaumung des Sühnetermins beantragt, oder der Termin zur mündlichen Verhandlung auf die Klage festgesetzt, oder der in §. 5 erwähnte Befehl zur Herstellung des ehelichen Zusammenlebens erlassen ist.

Ist der Kläger in dem Sühnetermin oder in dem Termine zur mündlichen Verhandlung auf die Klage nicht erschienen, so ist die beantragte einstweilige Verfügung nicht zu erlassen und auf Antrag die Aufhebung der erlassenen Verfügung durch Endurtheil auszusprechen.

Im Bezirk des Appellationsgerichtshofes zu Cöln erfolgt die nach Art. 270 des Rheinischen Civilgesetzbuchs vorgeschriebene Siegelung der der Gütergemeinschaft unterliegenden Mobiliargegenstände nur auf Grund einer nach der Vorschrift des ersten Absatzes zu erlassenden einstweiligen Verfügung.

An Stelle des im Art. 271 des Rheinischen Civilgesetzbuchs vorgesehenen Tages tritt derjenige, an welchem die Anberaumung des Sühnetermins beantragt oder ohne vorgängigen Sühnetermin der Termin zur mündlichen Verhandlung auf die Klage festgesetzt ist.

§. 8.

Die landesgesetzlichen Vorschriften über die Aussetzung der Verkündigung von Ehescheidungsurtheilen werden aufgehoben.

§. 9.

Die Vorschriften der Deutschen Civilprozeßordnung und des Einführungsgesetzes zu derselben finden auch auf die bürgerlichen Rechtsstreitigkeiten Anwendung, welche vor dem Geheimen Justizrath verhandelt werden. Die erste Instanz des Geheimen Justizraths gilt hierbei als Landgericht, die zweite als Oberlandesgericht.

§. 10.

Die Vorschriften der Deutschen Civilprozeßordnung und des Einführungsgesetzes zu derselben über das Verfahren in den zur Zuständigkeit der Amtsgerichte gehörigen Rechtsstreitigkeiten finden auch auf die bürgerlichen Rechtsstreitigkeiten Anwendung, welche zur Zuständigkeit der Gewerbegerichte im Bezirk des Appellationsgerichtshofes zu Cöln gehören.

Auf den Vorsitzenden des Gerichts finden die den Vorsitzenden im landgerichtlichen Verfahren betreffenden Vorschriften entsprechende Anwendung.

Die Einlassungsfrist (§. 234 Abs. 1 der Deutschen Civilprozeßordnung) beträgt mindestens vierundzwanzig Stunden.

Die Urtheile sind ohne Rücksicht auf den Werth des Gegenstandes der Verurtheilung und ohne Antrag für vorläufig vollstreckbar zu erklären.

Die Zulässigkeit der Berufung ist durch einen den Betrag von achtzig Mark übersteigenden Werth des Streitgegenstandes bedingt.

Für die Verhandlung und Entscheidung über die Rechtsmittel der Berufung und der Beschwerde ist das Landgericht, in dessen Bezirke das Gewerbegericht seinen Sitz hat, und im Falle der Beschwerde gegen eine Entscheidung des Landgerichts das Oberlandesgericht zuständig.

Das Verfahren vor den Vergleichskammern wird durch diese Vorschriften nicht berührt. Aus den von denselben aufgenommenen Vergleichen findet die Zwangsvollstreckung nach den Vorschriften der Deutschen Civilprozeßordnung statt.

§. 11.

Im Bezirk des Appellationsgerichtshofes zu Cöln finden auf Gütertrennungsklagen (Art. 1443 des Rheinischen Civilgesetzbuchs) die Vorschriften der Deutschen Civilprozeßordnung mit folgenden näheren Bestimmungen Anwendung.

Die Zuständigkeit des Gerichts bestimmt sich nach §. 568 der Deutschen Civilprozeßordnung.

Ein die Bezeichnung der Parteien und des Gerichts, den Antrag und den Termin zur mündlichen Verhandlung enthaltender Auszug aus der Klageschrift ist nach den Vorschriften der Deutschen Civilprozeßordnung über die öffentliche Zustellung einer Ladung bekannt zu machen. Zwischen dem Tage der letzten Einrückung des Auszugs in die öffentlichen Blätter und dem Termin zur mündlichen Verhandlung muß ein Zeitraum von mindestens einem Monat liegen.

Die Vorschrift des §. 577 der Deutschen Civilprozeßordnung findet unter den Ehegatten entsprechende Anwendung.

Die Vorschriften des Artikels 871 der Rheinischen Civilprozeßordnung bleiben unberührt.

Das auf Gütertrennung erkennende Urtheil ist von Amtswegen den Parteien zuzustellen und nach Eintritt der Rechtskraft in gleicher Weise wie der Auszug aus der Klageschrift öffentlich bekannt zu machen.

Die in Art. 1444 des Rheinischen Civilgesetzbuchs vorgesehene Frist läuft von dem Tage der Rechtskraft des Urtheils.

Die den Gläubigern nach Art. 1447 daselbst zustehende Anfechtung des rechtskräftigen Urtheils ist im Wege der Klage geltend zu machen. Die Klage findet nur bis zum Ablauf eines Jahres nach der letzten Einrückung des Urtheils in die öffentlichen Blätter statt. Das Gericht, welches in der Hauptsache erkannt hat, ist für die Klage ausschließlich zuständig.

§. 12.

Aus den gemäß §. 59 der Feldpolizeiordnung vom 1. November 1847 vor der Polizeibehörde geschlossenen Vergleichen findet die gerichtliche Zwangsvollstreckung statt.

Die Vorschriften der Deutschen Civilprozeßordnung über die Zwangsvollstreckung aus notariellen Urkunden finden hierbei entsprechende Anwendung.

In den Fällen der §§. 664, 665 der Deutschen Civilprozeßordnung ist die vollstreckbare Ausfertigung nur auf Anordnung des Amtsgerichts zu ertheilen, in dessen Bezirke die Polizeibehörde den Amtssitz hat.

§. 13.

Die Vorschriften des Gesetzes über das Grundbuchwesen im Jadegebiete vom 23. März 1873 (Gesetz-Samml. S. 111) §. 3 und des Gesetzes über das Grundbuchwesen in der Provinz Hannover vom 28. Mai 1873 (Gesetz-Samml. S. 253) §. 3, daß ein vollstreckbares Erkenntniß von dem Grundbuchamt einem rechtskräftigen gleich zu achten sei, werden aufgehoben.

§. 14.

Die Vorschriften der Deutschen Civilprozeßordnung über die Wirkungen der Pfändung finden entsprechende Anwendung auf die auf Grund einer Entscheidung oder Anordnung der zuständigen Verwaltungsbehörde, eines Verwaltungsgerichts, einer Auseinandersetzungsbehörde oder eines solchen Instituts, dem die Befugniß zur Zwangsvollstreckung zusteht, bewirkte Pfändung.

Die anderweite Regelung des Verfahrens der Zwangsvollstreckung wegen Geldforderungen aus den im ersten Absatze bezeichneten Entscheidungen oder Anordnungen erfolgt im Anschlusse an die Vorschriften der Deutschen Civilprozeßordnung durch Königliche Verordnung.

§. 15.

In Neuvorpommern und Rügen erfolgt die Beitreibung von Abgaben und Leistungen an Kirchen, öffentliche Schulen und an deren Beamte nach näherer Bestimmung der Kabinetsordre vom 19. Juni 1836 Nr. 1 und 2 (Gesetz-Samml. S. 198) und des Gesetzes vom 24. Mai 1861 §. 15 (Gesetz-Samml. S. 241) im Wege der administrativen Zwangsvollstreckung.

§. 16.

Die Pfändung einer in einem Grund- oder Hypothekenbuche eingetragenen Forderung oder Berechtigung ersetzt die Bewilligung des Schuldners zur Eintragung des entstandenen Pfandrechts. Zum Nachweise der Pfändung ist der Nachweis der Zustellung des Pfändungsbeschlusses an den Eigenthümer des Grundstücks erforderlich und ausreichend.

Die Ueberweisung einer in einem Grund- oder Hypothekenbuche eingetragenen Geldforderung an Zahlungsstatt ersetzt die Bewilligung des Schuldners zur Eintragung der Abtretung.

Zu dem Antrage des Gläubigers auf Eintragung ist weder die Vermittelung des Prozeßgerichts oder des Vollstreckungsgerichts noch die Beglaubigung erforderlich.

Die Vorschriften des bürgerlichen Rechts über die Voraussetzungen, unter welchen die Rechte an einer in einem Grund- oder Hypothekenbuche eingetragenen Forderung Rechtswirkung gegen Dritte erlangen, bleiben unberührt.

§. 17.

Bei Pfändung eines Anspruchs, welcher die Uebertragung des Eigenthums einer unbeweglichen Sache zum Gegenstande hat, ist anzuordnen, daß die Uebertragung nur an den nach §. 747 der Deutschen Civilprozeßordnung zu bestellenden Sequester als Vertreter des Schuldners vorgenommen werde. Der Sequester ist zu ermächtigen und anzuweisen, daß er an Stelle des Schuldners die zu dem Erwerb erforderlichen Erklärungen abgebe und die Eintragung der Forderung des Gläubigers in das Grund- oder Hypothekenbuch in der zur Sicherstellung eines Anspruchs auf Eintragung vorgeschriebenen Form bewillige und beantrage.

Ist der Anspruch für mehrere Gläubiger gepfändet, so hat der Sequester die Eintragung der Forderungen in der durch die Zeit der Pfändungen bestimmten Reihenfolge zu beantragen; wenn ein Gläubiger eine andere Reihenfolge verlangt oder die Zeit der Pfändungen nicht erhellt, zu gleichen Rechten unter dem miteinzutragenden Vorbehalt einer anderweiten Feststellung des Ranges derselben untereinander.

§. 18.

Die nach dem Gesetz über den Eigenthumserwerb und die

dingliche Belastung der Grundstücke vom 5. Mai 1872 zur Eintragung einer Vormerkung erforderliche Vermittelung des Prozeßrichters findet nur als Ausführung einer einstweiligen Verfügung nach den Vorschriften der Deutschen Civilprozeßordnung statt.

§. 19.

Die durch einstweilige Verfügung angeordneten Eintragungen in einem Grund- oder Hypothekenbuche sind nach Vorlegung eines vollstreckbaren Urtheils oder Beschlusses, durch welche die einstweilige Verfügung aufgehoben ist, auf Antrag des Eigenthümers zu löschen. Zu dem Antrag ist weder die Vermittelung des Prozeßgerichts oder des Vollstreckungsgerichts noch die Beglaubigung erforderlich.

§. 20.

Für das Aufgebotsverfahren zum Zwecke der Kraftloserklärung (Amortisation) von Urkunden sind die Gerichte ausschließlich zuständig.

Die Vorschriften der §§. 839 bis 842, 846 bis 848 der Deutschen Civilprozeßordnung finden auch bei dem Aufgebot anderer als der im §. 837 der Deutschen Civilprozeßordnung bezeichneten Urkunden mit Ausschluß aller besonderen Vorschriften Anwendung.

Betrifft das Aufgebot Urkunden, für deren Aufgebot die Bekanntmachung durch namentlich bezeichnete Blätter in Privilegien oder Statuten besonders vorgeschrieben ist, so erfolgt die öffentliche Bekanntmachung des Aufgebots (§. 842 Abs. 1 der Deutschen Civilprozeßordnung) auch durch einmalige Einrückung in diese Blätter.

Betrifft das Aufgebot Urkunden über Ansprüche, welche in einem Grund- oder Hypothekenbuche eingetragen sind, so erfolgt die öffentliche Bekanntmachung des Aufgebots (§. 842 Abs. 1 der Deutschen Civilprozeßordnung) durch Anheftung an die Gerichtstafel, sowie durch einmalige Einrückung in den öffentlichen Anzeiger des Amtsblattes. Diese Einrückung tritt bei Anwendung der §§. 846, 847 der Deutschen Civilprozeßordnung an Stelle der Einrückung in den Deutschen Reichsanzeiger. Die in diesen Paragraphen bestimmten Fristen werden auf drei Monate herabgesetzt.

Die Vorschriften über die Voraussetzungen, unter welchen das Aufgebot einer Urkunde beantragt werden kann, und über das Erforderniß eines gewissen Zeitablaufs von dem Verluste der Urkunde bis zu deren Amortisation, sowie die Vorschriften, nach welchen bestimmte Personen von dem Aufgebote zu benachrichtigen sind, bleiben unberührt.

§. 21.

Auf das Aufgebotsverfahren zum Zwecke der Löschung angeblich getilgter Hypotheken- oder Grundschuldforderungen finden die Vorschriften über das Aufgebot von Urkunden über solche Forderungen entsprechende Anwendung.

§. 22.

Soweit das Aufgebot eines Verschollenen zum Zwecke der Todeserklärung nach den bestehenden Vorschriften zulässig ist, erfolgt dasselbe nach den Vorschriften der Deutschen Civilprozeßordnung. Der Antragsteller hat die zur Begründung des Antrags erforderlichen Thatsachen glaubhaft zu machen und sich zur eidlichen Versicherung der Wahrheit seiner Angaben zu erbieten.

Soweit nach den bisherigen Vorschriften das Aufgebot von Amtswegen erfolgen konnte, sind die erbberechtigten nächsten Verwandten, der Ehegatte und der Vormund des Verschollenen zu dem Antrage auf Erlaß des Aufgebots berechtigt.

Das zuständige Gericht wird durch den letzten Wohnsitz des Verschollenen oder, wenn derselbe einen solchen nicht gehabt hat, durch den letzten Aufenthaltsort desselben in Preußen bestimmt.

Stirbt der Antragsteller im Laufe des Verfahrens oder setzt derselbe das Verfahren nicht fort, so kann jeder, auf dessen Antrag das Verfahren einzuleiten ist, dasselbe fortsetzen.

Von der Einleitung des Verfahrens ist die obere Verwaltungsbehörde des Bezirks (Regierung, Landdrostei) in Kenntniß zu setzen.

§. 23.

Die §§. 23 bis 48, 57 bis 60, 76 bis 80 Allgemeinen Landrechts Th. I Tit. 9 werden durch nachfolgende Bestimmungen abgeändert.

Das Aufgebot einer gefundenen Sache oder eines Schatzes

erfolgt nur auf den Antrag eines Betheiligten. Die Ablieferung dieser Sachen an das Gericht findet nicht statt.

Der zulässige Verkauf einer gefundenen Sache wird auf Antrag des Finders angeordnet; die Entscheidung kann ohne vorgängige mündliche Verhandlung erfolgen.

Ein Zuschlag des Fundes erfolgt nicht. Die §§. 49 bis 56 Allgemeinen Landrechts Th. I Tit. 9 werden aufgehoben.

Das Ausschlußurtheil ist dahin zu erlassen, daß dem unbekannten Verlierer oder Eigenthümer, welcher sich nicht gemeldet hat, nur der Anspruch auf Herausgabe des durch den Fund erlangten und zur Zeit der Erhebung des Anspruchs noch vorhandenen Vortheils vorbehalten, jedes weitere Recht desselben aber ausgeschlossen wird.

Die Rechte dritter Personen, außer dem Finder, den Fund für sich in Anspruch zu nehmen, bleiben nach Maßgabe der bisherigen Vorschriften in Verbindung mit den Vorschriften des vorigen Absatzes bestehen.

§. 24.

Die Vorschriften über die bei dem Aufgebot eines Verschollenen oder eines erblosen Nachlasses einzuhaltenden Aufgebotsfristen bleiben in Kraft.

Im Uebrigen werden die bestehenden Vorschriften über die Aufgebotsfristen, sowie die Vorschriften über die öffentliche Bekanntmachung der Aufgebote aufgehoben.

Bei der nach den bestehenden Vorschriften erforderlichen Mittheilung des Aufgebots an bestimmte Personen kann die Zustellung durch Aufgabe zur Post (§. 161 der Deutschen Civilprozeßordnung) erfolgen.

Bei der Zustellung durch Aufgabe zur Post sind die Postsendungen mit der Bezeichnung „Einschreiben" zu versehen.

§. 25.

Die Ableistung eines Eides in Aufgebotssachen findet nur nach der Vorschrift der Deutschen Civilprozeßordnung §. 829 Abs. 2 statt.

§. 26.

Die Erledigung der durch dieses Gesetz betroffenen Aufgebotssachen oder einzelner Gattungen derselben kann durch den Justizminister für den Bezirk mehrerer Amtsgerichte desselben

Landgerichtsbezirks einem derselben übertragen werden. Auf Verlangen des Antragstellers erfolgt die Erledigung durch das gesetzlich zuständige Gericht.

Wird das Aufgebot durch ein anderes als das gesetzlich zuständige Gericht erlassen, so erfolgt die Anheftung desselben auch an der Gerichtstafel des gesetzlich zuständigen Gerichts.

Auf das Aufgebot von Rechten an unbeweglichen Sachen und von Urkunden über solche Rechte finden die Vorschriften dieses Paragraphen nicht Anwendung.

§. 27.

Die Vorschriften der Deutschen Civilprozeßordnung über das Aufgebotsverfahren und die §§. 24 bis 26 dieses Gesetzes finden auf andere als die in den §§. 20 bis 23 bezeichneten Aufgebote nur Anwendung, wenn nach den bestehenden Vorschriften der Eintritt von Rechtsnachtheilen durch besonderen Beschluß des Gerichts festgestellt werden muß.

§. 28.

An Stelle der Vorschriften des Einführungsgesetzes zum Handelsgesetzbuche vom 24. Juni 1861 Art. 5, §§. 5, 9 treten folgende Vorschriften:

§. 5. Gegen die Entscheidung findet sofortige Beschwerde nach den Vorschriften der Deutschen Civilprozeßordnung mit aufschiebender Wirkung statt.

Ueber die Beschwerde wird nach den Vorschriften des §. 3 verhandelt.

§. 9. Die Einlegung des Einspruchs und der Beschwerde kann durch Erklärung zum Protokolle des Gerichtsschreibers erfolgen.

Die nach §. 4 erlassene Entscheidung wird dem Verurtheilten von Amtswegen zugestellt.

Mit dieser Maßgabe finden die Art. 5, 6, 7 des erwähnten Gesetzes (Anlage), und zwar der Art. 5 auch für die Anmeldungen zum Genossenschaftsregister (Reichsgesetz vom 4. Juli 1868), im ganzen Umfange der Monarchie Anwendung.

§. 29.

Auf die nach dem Einführungsgesetze zum Handelsgesetzbuche vom 24. Juni 1861 Art. 57 erforderliche Verhandlung über die Dispache finden die Vorschriften der Deutschen Civilprozeßordnung §§. 761 bis 768 über das Vertheilungsverfahren entsprechende Anwendung.

An Stelle der Ausführung des Vertheilungsplanes erfolgt die Bestätigung der Dispache. Die Bestätigung ist, wenn sie in dem Termin erfolgt zu verkünden, anderenfalls den Betheiligten oder dem bestellten Vertreter derselben von Amtswegen zuzustellen.

Gegen die Bestätigung findet sofortige Beschwerde nach den Vorschriften der Deutschen Civilprozeßordnung statt. Die Beschwerdefrist beginnt mit der Verkündung oder Zustellung.

Die aus der bestätigten Dispache zulässige Zwangsvollstreckung erfolgt nach den Vorschriften der Deutschen Civilprozeßordnung. Auf die Geltendmachung von Einwendungen findet die Vorschrift der Deutschen Civilprozeßordnung §. 686 Abs. 2 keine Anwendung.

Mit diesen Maßgaben findet der Art. 57 des Einführungsgesetzes vom 24. Juni 1861 (Anlage) im ganzen Umfange der Monarchie Anwendung.

§. 30.

Für das Verfahren in den nach der Gemeinheitstheilungsordnung zu behandelnden Theilungen und Ablösungen in den Landestheilen des linken Rheinufers verbleibt es, vorbehaltlich der §§. 1, 4 dieses Gesetzes, bei den bestehenden Vorschriften des Gesetzes vom 19. Mai 1851 (Gesetz-Samml. S. 383). Eine Mitwirkung der Staatsanwaltschaft findet nicht statt.

Bei der Verhandlung und Entscheidung der nach dem Inkrafttreten der Deutschen Civilprozeßordnung anhängig werdenden Klagen auf Theilung oder Ablösung finden die Vorschriften der §§. 259, 410 bis 439 der Deutschen Civilprozeßordnung und des §. 14 Abs. 2 Nr. 1 bis 3 des Einführungsgesetzes zu derselben Anwendung.

§. 31.

Im Gebiet des vormaligen Kurfürstenthums Hessen beginnt die Frist zur Erhebung der Klage auf Gewährleistung für Mängel an Hausthieren (Gesetz vom 23. Oktober 1865) in jedem Falle mit dem Ablauf der Gewährleistungsfrist.

Die Klagefrist beträgt, wenn die hervorgetretenen Mängel des Viehs rechtzeitig angezeigt worden sind, sechs Wochen.

Die Anzeige von dem Mangel ist als Antrag auf Sicherung des Beweises nach den Vorschriften der §§. 447 bis 455 der Deutschen Civilprozeßordnung anzubringen.

§. 32.

Im Bezirk des Appellationsgerichts zu Frankfurt am Main beginnt die Frist zur Erhebung der dem Restkaufschillingskläger zustehenden Rückstandsklage, sofern deren Lauf nicht vor dem Inkrafttreten dieses Gesetzes begonnen hat, von dem Tage der freiwillig oder im Wege der Zwangsvollstreckung erfolgten Rückgabe des unter Vorbehalt des Eigenthums veräußerten Grundstücks.

§. 33.

Dieses Gesetz tritt gleichzeitig mit dem Deutschen Gerichtsverfassungsgesetz in Kraft.

Urkundlich unter Unserer Höchsteigenhändigen Unterschrift und beigedrucktem Königlichen Insiegel.

Gegeben Berlin, den 24. März 1879.

(L. S.) **Wilhelm.**

Gr. zu Stolberg. Leonhardt. Falk. v. Kameke.
Friedenthal. v. Bülow. Hofmann.
Gr. zu Eulenburg. Maybach. Hobrecht.

Anlage.

Auszug

aus dem

Einführungsgesetz zum Allgemeinen Deutschen Handelsgesetzbuch.

Vom 24. Juni 1861.

Artikel 5.

Die Vorschriften des Handelsgesetzbuchs, gemäß welchen die Handelsgerichte von Amtswegen die Betheiligten zur Befolgung der gesetzlichen Anordnungen über die Anmeldung zur Eintragung in das Handelsregister und über die Zeichnung oder Einreichung der Zeichnung der Firmen oder Unterschriften durch Ordnungsstrafen anhalten sollen, sind nach folgenden Bestimmungen in Ausführung zu bringen.

§. 1.

Wenn das Handelsgericht in glaubhafter Weise davon Kenntniß erhält, daß die gesetzliche Anordnung nicht befolgt worden ist, so hat es eine Verfügung an den Betheiligten zu erlassen, durch welche derselbe unter Androhung einer angemessenen Ordnungsstrafe aufgefordert wird, innerhalb einer bestimmten Frist entweder die gesetzliche Anordnung zu befolgen, oder die Unterlassung mittelst Einspruchs gegen die Verfügung zu rechtfertigen.

Der Lauf der in der Verfügung bestimmten Frist beginnt mit dem Tage, welcher auf den Tag der Zustellung der Verfügung folgt.

Der Einspruch geschieht durch schriftliche Eingabe an das Handelsgericht, oder zu Protokoll bei demselben.

§. 2.

Wird binnen der durch die Verfügung bestimmten Frist weder die gesetzliche Anordnung befolgt, noch Einspruch gegen die Verfügung erhoben, so hat das Handelsgericht die angedrohte Strafe gegen den Betheiligten festzusetzen und gleichzeitig die Verfügung unter Androhung einer anderweiten Ordnungsstrafe zu wiederholen.

§. 3.

Wird gegen die Verfügung binnen der bestimmten Frist Einspruch erhoben, so hat das Handelsgericht, sofern nicht aus dem Einspruch die Rechtfertigung des Betheiligten sich ergiebt, einen Termin zu bestimmen, in welchem mündlich und in öffentlicher Sitzung der Betheiligte über die Verwirkung der Ordnungsstrafe zu hören, im geeigneten Falle Beweis aufzunehmen und zu entscheiden ist.

Der Betheiligte ist zu diesem Termine vorzuladen; er kann in demselben persönlich oder durch einen Bevollmächtigten die Gründe und Beweise seiner Rechtfertigung vorbringen. Wer als Bevollmächtigter zuzulassen sei, ist nach den Vorschriften zu beurtheilen, welche bei dem Gericht für das Prozeßverfahren in Civilsachen maßgebend sind.

§. 4.

Erscheint der Betheiligte nicht in dem Termine, oder ergiebt sich bei der Verhandlung, daß die gesetzliche Anordnung von dem Betheiligten hätte befolgt werden müssen, so wird die Ordnungsstrafe gegen denselben festgesetzt und zugleich mit der Entscheidung, wenn nicht etwa inzwischen die Verhältnisse sich geändert haben, eine neue Verfügung nach Maßgabe des §. 1 erlassen.

§. 6.

Für die neuen Verfügungen, welche gemäß §. 2 oder §. 4 erlassen werden, und für das auf dieselben folgende Verfahren gilt dasselbe, was in den vorstehenden Paragraphen vorgeschrieben ist.

Der Lauf der Frist, welche in einer gemäß §. 4 erlassenen neuen Verfügung bestimmt ist, beginnt mit dem Tage, der auf denjenigen folgt, an welchem die Frist zur Erhebung der Beschwerde abgelaufen ist.

Die Verfügungen und die Festsetzungen von Ordnungsstrafen werden wiederholt, bis die gesetzliche Anordnung befolgt, oder ihre Voraussetzung weggefallen ist.

§. 7.

Die Ordnungsstrafe, welche angedroht und festgestellt werden kann, besteht in Geldbuße von fünf bis zweihundert Thalern. Eine Umwandlung der Geldbuße in Gefängnißstrafe findet nicht statt. Bei der Feststellung der Ordnungsstrafe ist der Betheiligte zugleich in die Kosten des Verfahrens zu verurtheilen.

§. 8.

Die Gerichte sind befugt, zu jeder Zeit, das Verfahren mag bereits eingeleitet sein oder nicht, durch die Beamten der gerichtlichen Polizei oder der Verwaltungspolizei Ermittelungen über den Sachverhalt einzuziehen, auch in Fällen, in welchen dies erforderlich erscheint, durch einen Kommissar des Gerichts oder durch Requisition anderer Gerichte die eidliche Vernehmung von Zeugen zu bewirken. Sie können auch die Verhandlung in der Sitzung zu einer anderen Sitzung vertagen, sowie von Amtswegen Zeugen zur Sitzung vorladen lassen. Gegen Zwischenverfügungen findet ein Rechtsmittel nicht statt.

Artikel 6.

In Bezug auf die Ausführung der Vorschrift des Handelsgesetzbuchs, gemäß welcher das Handelsgericht gegen diejenigen einschreiten soll, welche sich einer ihnen nicht zustehenden Firma bedienen (Art. 26 des Handelsgesetzbuchs), kommen die Bestimmungen des vorhergehenden Artikels mit folgenden Maßgaben zur Anwendung:

1. Die Verfügung (Art. 5, §. 1), durch welche das Handelsgericht einschreitet, sowie die neue Verfügung, welche gemäß Art. 5, §. 4 oder 6 ergeht, ist ohne Bestimmung einer Frist dahin zu erlassen, daß der Betheiligte unter Androhung einer Ordnungsstrafe aufgefordert wird, sich dieser Firma nicht ferner zu bedienen.

2. Das Handelsgericht hat nach Erlaß der Verfügung gemäß Artikel 5, §. 3ff. weiter zu verfahren, wenn es in glaubhafter Weise davon Kenntniß erhält, daß der Verfügung nach Zustellung derselben zuwider gehandelt worden ist.

Artikel 7.

Den Beamten der Staatsanwaltschaft und der Polizei liegt ob, darauf zu achten, daß den Vorschriften des Handelsgesetzbuchs, zu deren Befolgung die Handelsgerichte durch Ordnungsstrafen anzuhalten haben, von den dazu verpflichteten Personen genügt wird; dieselben haben die Unterlassungen und Zuwiderhandlungen, welche zu ihrer Kenntniß gelangen, bei den zuständigen Handelsgerichten zur Anzeige zu bringen.

Artikel 57.

Ueber das Verfahren bei Aufmachung der Dispache und über die Ausführung derselben werden folgende Vorschriften ertheilt.

§. 1.

Der Dispacheur hat die Dispache sofort nach ihrer Aufmachung dem Handelsgericht zu überreichen. Dem Handelsgericht liegt ob, die Dispache zu prüfen und dieselbe, wenn sich Fehler oder Mängel finden, durch den Dispacheur berichtigen zu lassen.

§. 2.

Nachdem die Dispache geprüft und erforderlichenfalls berichtigt ist, werden diejenigen Betheiligten, welche bei dem Gerichte sich gemeldet haben, oder demselben anderweit, insbesondere aus den Schiffs- oder Ladungspapieren bekannt geworden sind, sofern sie am Orte des Gerichts sich aufhalten, oder dort anwesende Vertreter bestellt haben, und für die übrigen Betheiligten ein ihnen zu bestellender Offizialanwalt zu einem Termin vor einem Kommissar des Gerichts vorgeladen, um sich über die Dispache zu erklären.

Die Vorladung geschieht unter der Verwarnung, daß gegen den Nichterscheinenden angenommen wird, er habe gegen die Dispache nichts zu erinnern.

§. 3.

Werden in dem Termine gegen die Dispache keine Einwendungen erhoben, so hat das Gericht dieselbe zu bestätigen.

§. 4.

Wenn ein Betheiligter Einwendungen geltend macht, so hat er dieselben im Termine näher zu begründen oder sich eine besondere Klageschrift vorzubehalten. Im letzteren Falle muß die Klageschrift binnen vierzehn Tagen bei dem Gerichte eingereicht werden; wenn dies nicht geschieht, so wird angenommen, daß das im Termin aufgenommene Protokoll als Klageschrift gelten solle.

Auf die Klageschrift, oder wenn eine solche nicht vorbehalten oder innerhalb der vierzehntägigen Frist nicht eingereicht ist, auf die als Klageschrift dienende Abschrift des Terminsprotokolls wird von dem Gerichte das ordentliche Prozeßverfahren eingeleitet.

§. 5.

Sind die vorgebrachten Einwendungen durch rechtskräftige Entscheidung oder in anderer Art endgültig erledigt, so erfolgt die Bestätigung der Dispache durch das Gericht, nachdem dieselbe erforderlichenfalls nach Maßgabe der Erledigung der Einwendungen berichtigt ist.

§. 6.

Wenn Einwendungen erhoben werden, welche nur einen Theil der Dispache berühren, so hat das Gericht die letztere, insoweit sie durch die Einwendungen nicht berührt ist, sofort zu bestätigen.

§. 7.

Aus der von dem Gericht bestätigten Dispache findet die Exekution statt.

XI.

Gesetz,

betreffend

die Zwangsvollstreckung gegen Benefizialerben und das Aufgebot der Nachlaßgläubiger im Geltungsbereiche des Allgemeinen Landrechts

vom 28. März 1879.

XI.

Gesetz,

betreffend

die Zwangsvollstreckung gegen Benefizialerben und das Aufgebot der Nachlaßgläubiger im Geltungsbereiche des Allgemeinen Landrechts

vom 28. März 1879.

Wir Wilhelm, von Gottes Gnaden König von Preußen ꝛc. verordnen, unter Zustimmung der beiden Häuser des Landtages, was folgt:

§. 1.

Im Geltungsbereiche des Allgemeinen Landrechts sind der Benefizialerbe und der Nachlaßpfleger berechtigt, nach Maßgabe der nachstehenden Bestimmungen das Aufgebot der Nachlaßgläubiger und Vermächtnißnehmer zu beantragen.

Sie können, wenn der Antrag zugelassen ist, für die Dauer des Verfahrens die einstweilige Einstellung der Zwangsvollstreckung wegen der durch das Aufgebotsverfahren betroffenen Ansprüche, sowie die Aufhebung der nach dem Aufgebotsantrage erfolgten Vollstreckungsmaßregeln verlangen.

Die Vollziehung eines Arrestbefehls steht im Sinne dieser Vorschrift der Zwangsvollstreckung gleich.

§. 2.

Von mehreren Erben ist jeder, sofern er Benefizialerbe ist, berechtigt, das Aufgebot zu beantragen oder einem bereits gestellten Antrage sich anzuschließen. Das Verfahren wirkt zu Gunsten aller Benefizialerben.

§. 3.

Das Aufgebot erfolgt nach den Vorschriften der Deutschen Civilprozeßordnung §§. 824 bis 836.

Das Amtsgericht, bei welchem der Erblasser zur Zeit des Todes seinen allgemeinen Gerichtsstand gehabt hat, ist ausschließlich zuständig.

§. 4.

Der Aufgebotsantrag kann von dem Benefizialerben nur innerhalb eines Jahres, von der erlangten Wissenschaft von dem Anfall der Erbschaft an gerechnet, gestellt werden.

Nur innerhalb der gleichen Frist kann der Anschluß an einen bereits gestellten Antrag erfolgen.

§. 5.

Mit dem Aufgebotsantrag ist nachzuweisen, daß behufs Erhaltung der Rechtswohlthat das Nachlaßverzeichniß niedergelegt oder die gerichtliche Aufnahme desselben beantragt ist.

§. 6.

Dem Aufgebotsantrag ist ein Verzeichniß der bekannten Nachlaßgläubiger und Vermächtnißnehmer unter Angabe des Wohnorts derselben beizufügen.

§. 7.

Die Aufgebotsfrist (Deutsche Civilprozeßordnung §. 827) soll nicht mehr als sechs Monate betragen.

§. 8.

Das Aufgebot ist den von dem Antragsteller angezeigten Gläubigern und Vermächtnißnehmern von Amtswegen zuzustellen. Die Zustellung kann durch Aufgabe zur Post bewirkt werden.

Die Wirksamkeit des Aufgebots ist von dieser Zustellung nicht abhängig. Eine öffentliche Zustellung findet nicht statt.

§. 9.

Die Einsicht des behufs Erhaltung der Rechtswohlthat niedergelegten Nachlaßverzeichnisses ist nach Erlaß des Aufgebots Jedermann gestattet.

§. 10.

Gegen die Nachlaßgläubiger und Vermächtnißnehmer, welche ihre Ansprüche nicht anmelden, tritt der Rechtsnachtheil ein, daß sie gegen den Benefizialerben ihre Ansprüche nur noch insoweit geltend machen können, als der Nachlaß mit Ausschluß aller seit dem Tode des Erblassers aufgekommenen Nutzungen durch Befriedigung der angemeldeten Ansprüche nicht erschöpft wird.

§. 11.

Pfandgläubiger, sowie Gläubiger, welche im Konkurse den Faustpfandgläubigern gleich stehen, werden, soweit sie ihre Befriedigung aus dem Pfande suchen, durch das Aufgebotsverfahren nicht betroffen.

Diejenigen, welche ein Pfandrecht im Wege der Zwangsvollstreckung oder des Arrestes nach dem Tode des Erblassers erlangt haben, sind jedoch nicht berechtigt, dem nach §. 1 Abs. 2 gestellten Antrage auf Einstellung der Zwangsvollstreckung und auf Aufhebung von Vollstreckungsmaßregeln zu widersprechen.

§. 12.

In der Anmeldung eines Anspruchs muß der Gegenstand und der Grund desselben angegeben werden. Die urkundlichen Beweisstücke oder eine Abschrift derselben sollen beigefügt werden.

Die Anmeldungen sind in der Gerichtsschreiberei zur Einsicht der Betheiligten niederzulegen.

§. 13.

Ist der Antragsteller in dem Aufgebotstermine nicht erschienen und der Antrag auf Anberaumung eines neuen Termins (Deutsche Civilprozeßordnung §. 831) binnen einer von dem Tage des Aufgebotstermins laufenden Frist von zwei Wochen nicht gestellt, oder der Antragsteller auch in dem anberaumten neuen Termine nicht erschienen, so kann der Fortsetzung der Zwangsvollstreckung nicht mehr widersprochen werden.

Nach Ablauf der erwähnten Frist von zwei Wochen ist der Antrag auf Anberaumung eines neuen Termins unbeschadet der Vorschrift des §. 831 der Deutschen Civilprozeßordnung nur innerhalb der im §. 4 für den Aufgebotsantrag bestimmten Frist zulässig.

§. 14.

Die Beendigung des Verfahrens, sowie der Eintritt der in §. 13 Abs. 1 bezeichneten Umstände ist durch Anheftung an die Gerichtstafel und durch Einrückung in die zur Bekanntmachung des Aufgebots gewählten Blätter bekannt zu machen.

Die den Anmeldungen beigefügten urkundlichen Beweisstücke sind nach der Beendigung zurückzugeben.

§. 15.

Wird ein Ausschlußurtheil erlassen, oder der Antrag auf Erlassung desselben zurückgewiesen, so ist das Verfahren vor Ablauf einer von Verkündigung der Entscheidung laufenden Frist von zwei Wochen und vor Erledigung der rechtzeitig eingelegten Beschwerde (Deutsche Civilprozeßordnung §. 829) nicht als beendigt anzusehen.

§. 16.

Die Kosten des Verfahrens gehören zu den Ausgaben für die Verwaltung des Nachlasses.

§. 17.

Wird über den Nachlaß der Konkurs eröffnet, so ist der Benefizialerbe nur noch zur Herausgabe des Nachlasses und zur Rechnungslegung über dessen Verwaltung an den Konkursverwalter verpflichtet.

§. 18.

Der vierte Titel der Konkursordnung vom 8. Mai 1855 und der zweite Abschnitt des Tit. 51 Thl. I der Allgemeinen Gerichtsordnung werden aufgehoben.

Ein vor dem Inkrafttreten dieses Gesetzes beantragtes erbschaftliches Liquidationsverfahren (Konkursordnung vom 8. Mai 1855 Tit. 4; Allgemeine Gerichtsordnung Thl. I Tit. 51 Abschnitt 2) ist nach den bisherigen Vorschriften zu erledigen. Hierbei finden rücksichtlich der Zuständigkeit der Gerichte und der Zustellungen die Vorschriften des Gesetzes, betreffend die Uebergangsbestimmungen zur Deutschen Civilprozeßordnung und Deutschen Strafprozeßordnung, entsprechende Anwendung.

§. 19.

Dieses Gesetz tritt gleichzeitig mit dem Deutschen Gerichtsverfassungsgesetze in Kraft.

Urkundlich unter Unserer Höchsteigenhändigen Unterschrift und beigedrucktem Königlichen Insiegel.

Gegeben Berlin, den 28. März 1879.

(L. S.) **Wilhelm.**

Gr. zu Stolberg. Leonhardt. Falk. v. Kameke.
Friedenthal. v. Bülow. Hofmann.
Gr. zu Eulenburg. Maybach. Hobrecht.

XII.

Schiedsmannsordnung

vom 29. März 1879.

XII.

Schiedsmannsordnung

vom 29. März 1879.

Wir Wilhelm, von Gottes Gnaden König von Preußen ꝛc. verordnen, unter Zustimmung beider Häuser des Landtags der Monarchie, was folgt:

Erster Abschnitt.

Das Amt der Schiedsmänner.

§. 1.

Zur Sühneverhandlung über streitige Rechtsangelegenheiten ist für jede Gemeinde ein Schiedsmann zu bestellen. Kleinere Gemeinden können mit anderen Gemeinden zu einem Schiedsmannsbezirke vereinigt, größere Gemeinden in mehrere Bezirke getheilt werden.

Selbstständige Gutsbezirke werden den Gemeinden gleichgeachtet.

Die Abgrenzung der Bezirke erfolgt:

1. in denjenigen Städten, in welchen ein kollegialischer Gemeindevorstand vorhanden ist, durch diesen, in den übrigen durch den Bürgermeister;
2. für die Landgemeinden durch die Kreisvertretungen, in der Provinz Hannover und in den Hohenzollernschen Landen durch die Amtsvertretungen.

§. 2.

Das Amt des Schiedsmanns ist ein Ehrenamt. Zu demselben ist nicht zu berufen:

1. wer das dreißigste Lebensjahr nicht vollendet hat;
2. wer nicht in dem Schiedsmannsbezirke wohnt, für welchen die Berufung erfolgt;
3. wer in Folge strafgerichtlicher Verurtheilung die Befähigung zur Bekleidung öffentlicher Aemter verloren hat;
4. wer in Folge gerichtlicher Anordnung in der Verfügung über sein Vermögen beschränkt ist.

Staatsbeamte und besoldete Beamte der Kommunal- oder Kirchenverwaltung bedürfen zur Uebernahme des Amts der Genehmigung ihrer zunächst vorgesetzten Behörde.

§. 3.

In denjenigen Gemeinden, welche für sich Einen Schiedsmannsbezirk oder mehrere Schiedsmannsbezirke bilden, erfolgt die Wahl der Schiedsmänner durch die Gemeindevertretung (Versammlung der Stadtverordneten, der Repräsentanten, der Bürgervorsteher, der Gemeindeverordneten, der Bürgerausschußmitglieder, der Gemeindeausschußmitglieder), wo eine gewählte Gemeindevertretung nicht besteht, durch die Gemeindeversammlung, in selbstständigen Gutsbezirken durch den Gutsvorsteher.

Für die aus mehreren Gemeinden zusammengesetzten Schiedsmannsbezirke werden die Schiedsmänner durch die Kreisvertretungen, in der Provinz Hannover und in den Hohenzollernschen Landen durch die Amtsvertretungen gewählt.

Die Wahl erfolgt auf drei Jahre. Bis zum Amtsantritte des Neugewählten bleibt der bisherige Schiedsmann in Thätigkeit.

§. 4.

Die zu Schiedsmännern Gewählten bedürfen der Bestätigung durch das Präsidium des Landgerichts, in dessen Bezirk sie ihren Wohnsitz haben.

§. 5.

Die Schiedsmänner werden bei dem Amtsgerichte ihres Wohnsitzes auf die Erfüllung ihrer Obliegenheiten eidlich verpflichtet. Der Eid wird dahin geleistet:

„Ich schwöre bei Gott dem Allmächtigen und Allwissenden, die Pflichten eines Schiedsmanns getreulich zu erfüllen, so wahr mir Gott helfe."

Ist ein Schiedsmann Mitglied einer Religionsgesellschaft, welcher das Gesetz den Gebrauch gewisser Betheuerungsformeln an Stelle des Eides gestattet, so wird die Abgabe einer Erklärung unter der Betheuerungsformel dieser Religionsgesellschaft der Eidesleistung gleich geachtet.

Im Falle der Wiederwahl eines Schiedsmanns genügt die Verweisung auf den von ihm bereits geleisteten Eid.

§. 6.

Die Schiedsmänner haben bei Ausübung ihres Amts die Rechte der Beamten.

§. 7.

Das Recht der Aufsicht über einen Schiedsmann steht zu:

1. dem Justizminister hinsichtlich sämmtlicher Schiedsmänner;
2. dem Oberlandesgerichts-Präsidenten hinsichtlich der in dem Oberlandesgerichtsbezirk wohnenden Schiedsmänner;
3. dem Präsidenten des Landgerichts hinsichtlich der in dem Landgerichtsbezirk wohnenden Schiedsmänner.

In dem Rechte der Aufsicht liegt die Befugniß, die ordnungswidrige Ausführung eines Schiedsmannsgeschäftes zu rügen.

Beschwerden, welche den Geschäftsbetrieb oder Verzögerungen betreffen, werden im Aufsichtswege erledigt.

§. 8.

Zur Ablehnung oder Niederlegung des Amts eines Schiedsmanns vor Ablauf der Wahlperiode berechtigen folgende Entschuldigungsgründe:

1. das Alter von sechzig Jahren;
2. die Verwaltung des Schiedsmannsamts während der voraufgegangenen drei Jahre;
3. anhaltende Krankheit;
4. Geschäfte, die eine lange oder häufige Abwesenheit vom Wohnorte mit sich bringen;
5. die Verwaltung eines unmittelbaren Staatsamts;
6. sonstige besondere Verhältnisse, die nach billigem Ermessen eine gültige Entschuldigung begründen.

Ueber die Befugniß zur Ablehnung wird von der Körperschaft, welche die Wahl des Schiedsmanns bewirkt, und über die Befugniß zur Niederlegung vom Präsidium des Landgerichts endgültig entschieden.

§. 9.

Ein Schiedsmann ist seines Amtes zu entheben, wenn Umstände eintreten oder bekannt werden, bei deren Vorhandensein die Berufung nicht erfolgen soll. Er kann auch aus anderen erheblichen Gründen seines Amtes enthoben werden.

Die Enthebung vom Amte erfolgt durch den Ersten Civilsenat des Oberlandesgerichts, in dessen Bezirk der Schiedsmann seinen Wohnsitz hat, nach Anhörung des Betheiligten.

§. 10.

Wer sich ohne einen der im §. 8 enthaltenen Entschuldigungsgründe weigert, das Amt des Schiedsmanns zu übernehmen oder das übernommene Amt während der vorgeschriebenen regelmäßigen Amtsdauer zu versehen, kann für einen Zeitraum von drei bis sechs Jahren der Ausübung seines Rechtes auf Theilnahme an der Vertretung und Verwaltung seiner Gemeinde für verlustig erklärt und um $1/8$ bis $1/4$ stärker als die übrigen Gemeindeangehörigen zu den Gemeindeabgaben herangezogen werden. Die Beschlußfassung hierüber steht der Gemeindevertretung (§. 3) zu; der Beschluß bedarf der Genehmigung der der Gemeinde vorgesetzten Behörde.

Besitzern selbstständiger Gutsbezirke kann in dem vorgedachten Falle durch den Kreisausschuß eine Erhöhung der Kreisabgabe um $1/8$ bis $1/4$ auf 3 bis 6 Jahre auferlegt werden.

§. 11.

Jeder Schiedsmann erhält einen Stellvertreter. Die Stellvertretung kann dahin geordnet werden, daß bestimmte Schiedsmänner sich wechselseitig vertreten.

Bei vorübergehender Behinderung oder gleichzeitiger Erledigung des Amtes des Schiedsmanns und des Stellvertreters ist die Aufsichtsbehörde ermächtigt, die einstweilige Wahrnehmung der Geschäfte einem benachbarten Schiedsmanne oder Stellvertreter zu übertragen.

Auf die Stellvertreter finden die §§. 2 bis 10 entsprechende Anwendung.

Zweiter Abschnitt.
Die Sühneverhandlung über bürgerliche Rechtsstreitigkeiten.

§. 12.

In bürgerlichen Rechtsstreitigkeiten findet eine Sühneverhandlung nur über vermögensrechtliche Ansprüche statt. Der Schiedsmann hat sich der Sühneverhandlung auf Antrag einer oder beider Parteien zu unterziehen. Zur Stellung dieses Antrags ist keine Partei verpflichtet.

In Rechtsstreitigkeiten, deren Entscheidung den Auseinandersetzungsbehörden zusteht, findet eine Sühneverhandlung durch Schiedsmänner nicht statt.

§. 13.

Für die Sühneverhandlung ist der Schiedsmann zuständig, in dessen Bezirk der Gegner des Antragstellers seinen Wohnsitz hat.

Ein an sich unzuständiger Schiedsmann wird jedoch durch ausdrückliche oder stillschweigende Vereinbarung der Parteien zuständig.

§. 14.

Zu einer amtlichen Thätigkeit außerhalb seines Amtsbezirks ist der Schiedsmann nur im Falle der Stellvertretung (§. 11) befugt.

§. 15.

Der Schiedsmann ist von der Ausübung seines Amtes kraft Gesetzes ausgeschlossen:

1. in Sachen, in welchen er selbst Partei ist oder in Ansehung welcher er zu einer Partei in dem Verhältniß eines Mitberechtigten, Mitverpflichteten oder Regreßpflichtigen steht;
2. in Sachen seiner Ehefrau, auch wenn die Ehe nicht mehr besteht;
3. in Sachen einer Person, mit welcher er in gerader Linie verwandt, verschwägert oder durch Adoption verbunden, in der Seitenlinie bis zum dritten Grade verwandt oder bis zum zweiten Grade verschwägert ist,

auch wenn die Ehe, durch welche die Schwägerschaft begründet ist, nicht mehr besteht;

4. in Sachen, in welchen er als Prozeßbevollmächtigter oder Beistand einer Partei bestellt oder als gesetzlicher Vertreter einer Partei aufzutreten berechtigt ist oder gewesen ist.

§. 16.

Der Schiedsmann soll die Ausübung seines Amtes ablehnen:

1. wenn er der Sprache der Parteien nicht mächtig ist;
2. wenn zur Gültigkeit der Willenserklärung der Parteien dem Gegenstande nach die gerichtliche oder notarielle Form ausschließlich erfordert wird;
3. wenn die Parteien dem Schiedsmanne nicht bekannt sind und auch nicht nachweisen können, daß sie diejenigen sind, wofür sie sich ausgeben;
4. wenn Bedenken gegen die Geschäfts- oder Verfügungsfähigkeit der Parteien oder gegen die Legitimation der gesetzlichen Vertreter derselben bestehen;
5. wenn eine Partei blind oder taubstumm ist;
6. wenn eine Partei taub oder stumm ist und mit derselben eine schriftliche Verständigung nicht erfolgen kann.

§. 17.

Der Schiedsmann kann die Ausübung seines Amtes ablehnen:

1. wenn seine Zuständigkeit lediglich auf der Vereinbarung der Parteien beruht;
2. wenn ihm die streitige Angelegenheit zu weitläufig oder zu schwierig erscheint.

Beschwerde gegen die Ablehnung findet nicht statt.

§. 18.

Die Vertretung der Parteien durch Bevollmächtigte ist unzulässig. Gemeinden und Korporationen dürfen sich jedoch durch Bevollmächtigte aus ihrer Mitte vertreten lassen.

§. 19.

Beistände der Parteien, mit Ausnahme der Beistände von Personen, welche des Lesens oder Schreibens nicht mächtig sind, können vom Schiedsmanne in jeder Lage der Verhandlung zurückgewiesen werden.

§. 20.

Der Antrag auf Sühneverhandlung kann bei dem Schiedsmanne schriftlich eingereicht oder mündlich zu Protokoll gegeben werden. Derselbe muß den Namen, Stand und Wohnort der Parteien, eine allgemeine Angabe des Gegenstandes der Verhandlung und die Unterschrift des Antragstellers enthalten.

§. 21.

Der Schiedsmann vermerkt auf dem Antrage oder einer Anlage desselben Zeit und Ort des Termins zur Verhandlung unter Androhung der Strafe für unentschuldigtes Ausbleiben (§. 22) und übergiebt das Schriftstück dem Antragsteller zur Behändigung an den Gegner oder läßt diesem das Schriftstück — unter entsprechender Benachrichtigung des Antragstellers — in zuverlässiger Weise zustellen.

§. 22.

Eine Partei, welche vor dem zuständigen Schiedsmanne in dem anberaumten Termine nicht erscheinen will oder kann, muß solches spätestens an dem dem Terminstage vorhergehenden Tage bei dem Schiedsmanne anzeigen.

Ist eine solche Anzeige nicht erstattet, so kann der Schiedsmann gegen die im Termine ausgebliebene Partei eine Geldstrafe von fünfzig Pfennig bis zu einer Mark festsetzen.

Beschwerden gegen die Festsetzung werden im Aufsichtswege erledigt.

§. 23.

Die Verhandlung der Parteien vor dem Schiedsmanne ist eine mündliche. Der Schiedsmann hat Sorge zu tragen, daß dieselbe ohne Unterbrechung zu Ende geführt werde; erforderlichen Falls hat er den Termin zur Fortsetzung der Verhandlung sofort zu bestimmen.

§. 24.

Der Schiedsmann kann im Einverständnisse mit den Parteien Zeugen und Sachverständige, welche freiwillig vor ihm erschienen sind, hören.

Zur Beeidigung eines Zeugen oder Sachverständigen und zur Abnahme eines Parteieides ist der Schiedsmann nicht befugt.

§. 25.

Kommt ein Vergleich zu Stande, so ist derselbe zu Protokoll festzustellen.

Das Protokoll wird in der Sprache der Parteien, und wenn nur eine Partei der Deutschen Sprache mächtig ist, in dieser und der fremden Sprache aufgenommen.

Das Protokoll enthält:

1. den Ort und die Zeit der Verhandlung;
2. die Namen der erschienenen Parteien, gesetzlichen Vertreter, Bevollmächtigten und Beistände, sowie die Angabe, wie dieselben ihre Legitimation geführt haben;
3. den Gegenstand des Streits;
4. die Verabredung der Parteien.

Kommt ein Vergleich nicht zu Stande, so hat der Schiedsmann hierüber einen kurzen Vermerk aufzunehmen.

§. 26.

Das Protokoll ist den Parteien vorzulesen oder zur Durchsicht vorzulegen. In dem Protokolle ist zu bemerken, daß dies geschehen und die Genehmigung erfolgt sei.

§. 27.

Das Protokoll ist von den Parteien und dem Schiedsmanne durch Namensunterschrift zu vollziehen.

Jede Partei, welche nicht unterschreiben kann, muß einen Beistand wählen, welcher für sie die Verhandlung mit seiner Namensunterschrift vollzieht oder die von ihr beigefügten Handzeichen beglaubigt. Der Schiedsmann hat dabei zu vermerken, von welcher Partei und aus welchem Grunde die eigenhändige Unterschrift unterblieben ist.

§. 28.

Die Protokolle werden der Zeitfolge nach in ein ausschließlich dazu bestimmtes Buch (Protokollbuch) eingeschrieben und mit einer fortlaufenden Nummer versehen.

Vollgeschriebene Protokollbücher sind an das Amtsgericht, in dessen Bezirk der Schiedsmann wohnt, zur Aufbewahrung abzugeben.

§. 29.

Die Parteien oder deren Rechtsnachfolger erhalten auf Verlangen Abschrift oder Ausfertigung des Protokolls.

§. 30.

Die Ausfertigung besteht aus der mit dem Ausfertigungsvermerke versehenen Abschrift des Protokolls.

Der Ausfertigungsvermerk muß die Angabe des Orts und der Zeit der Ausfertigung, und die Bezeichnung desjenigen, für welchen die Ausfertigung ertheilt wird, enthalten und mit der Unterschrift und dem Amtssiegel des Schiedsmanns versehen sein.

§. 31.

Die Ausfertigung wird von dem Schiedsmanne ertheilt, welcher die Urschrift des Protokolls verwahrt. Derselbe hat vor der Aushändigung auf der Urschrift des Protokolls zu vermerken, wann und für wen die Ausfertigung ertheilt worden ist.

Befindet sich das Protokollbuch in der Verwahrung des Amtsgerichts (§. 28), so wird die Ausfertigung von dem Gerichtsschreiber desselben ertheilt.

§. 32.

Aus den vor einem Schiedsmanne geschlossenen Vergleichen findet die gerichtliche Zwangsvollstreckung statt.

Die Vorschriften der Deutschen Civilprozeßordnung über die Zwangsvollstreckung aus notariellen Urkunden finden hierbei entsprechende Anwendung.

In den Fällen der §§. 664, 665 der Deutschen Civilprozeßordnung ist die vollstreckbare Ausfertigung nur auf Anordnung des Amtsgerichts zu ertheilen, in dessen Bezirke der Schiedsmann den Wohnsitz hat.

Dritter Abschnitt.

Die Sühneverhandlung über Beleidigungen und Körperverletzungen.

§. 33.

Bei den nur auf Antrag zu verfolgenden Beleidigungen und Körperverletzungen ist der Schiedsmann die zum Zwecke der Sühneverhandlung zuständige Vergleichsbehörde.

§. 34.

Auf die Sühneverhandlung über Beleidigungen und Körperverletzungen finden die Vorschriften des 2. Abschnitts mit den in den nachfolgenden Paragraphen enthaltenen Abweichungen entsprechende Anwendung.

§. 35.

Soweit nach der Vorschrift des §. 420 der Deutschen Strafprozeßordnung vor Erhebung der Privatklage wegen Beleidigungen nachgewiesen werden muß, daß die Sühne erfolglos versucht worden, ist für diesen Vergleichsversuch der Schiedsmann, in dessen Bezirk der Beschuldigte wohnt, ausschließlich zuständig.

§. 36.

Bei der nach §. 420 der Deutschen Strafprozeßordnung erforderlichen Sühneverhandlung darf der zuständige Schiedsmann die Ausübung seines Amtes aus den in §. 16 Nr. 3 bis 6 und §. 17 Nr. 2 angegebenen Gründen nicht ablehnen.

Er hat, wenn bei einer Partei einer der im §. 16 Nr. 3 bis 6 angegebenen Umstände vorliegt, dies in dem Protokolle zu vermerken. Gegen eine solche Partei findet die Zwangsvollstreckung aus einem aufgenommenen Vergleiche nicht statt.

§. 37.

Die Ladung zu der nach §. 420 der Deutschen Strafprozeßordnung erforderlichen Sühneverhandlung ist den Parteien durch den Schiedsmann oder in anderer zuverlässiger Weise zuzustellen.

Erscheint der Antragsteller in dem Termine nicht, so findet eine Sühneverhandlung nicht statt. Erscheint der Beschuldigte nicht, so wird angenommen, daß er sich auf die Sühneverhandlung nicht einlassen wolle.

§. 38.

Eine Bescheinigung über die Erfolglosigkeit des Sühneversuchs kann nur ertheilt werden, wenn der Antragsteller im Termine erschienen ist.

Die Bescheinigung muß mit der Unterschrift und dem Amtssiegel des Schiedsmanns versehen sein. Sie soll die Angabe der Zeit der Beleidigung und der Anbringung des Antrags, sowie des Orts und der Zeit der Ausstellung enthalten.

Ueber die Verhandlung und die Ausstellung der Bescheinigung hat der Schiedsmann im Protokollbuche einen Vermerk aufzunehmen.

§. 39.

Für Privatklagen gegen Studirende kann der Justizminister im Einverständnisse mit dem Minister der geistlichen, Unterrichts- und Medizinal-Angelegenheiten bestimmen, daß der nach §. 420 der Deutschen Strafprozeßordnung erforderliche Sühneversuch nicht von dem Schiedsmanne, sondern von einer andern Vergleichsbehörde vorzunehmen sei.

Vierter Abschnitt.

Kosten und Stempel.

§. 40.

Die Verfügungen, Verhandlungen und Ausfertigungen des Schiedsmanns sind kosten- und stempelfrei.

Die Stempelfreiheit der Verhandlungen erstreckt sich nicht:

1. auf Rechtsgeschäfte, welche an sich stempelpflichtig sind und als ein Bestandtheil des Vergleichs in den letzteren aufgenommen werden;
2. auf Vergleiche, durch welche ein unter den Parteien bisher nicht in stempelpflichtiger Form zu Stande gekommenes Rechtsgeschäft anerkannt oder im Wesentlichen aufrecht erhalten wird.

§. 41.

Die Schiedsmänner sind nicht verpflichtet, dafür zu sorgen, daß die von ihnen aufgenommenen Verhandlungen rechtzeitig mit dem tarifmäßigen Stempel versehen werden. Die Parteien haften für die rechtzeitige Verwendung desselben nach Maßgabe der Stempelgesetze. Der Stempel ist binnen zwei Wochen, vom Tage der Aufnahme der Verhandlung an, zu der Urschrift derselben beizubringen. Die Ertheilung von Ausfertigungen der Verhandlung ist von der vorgängigen Verwendung des Stempels nicht abhängig.

Die Schiedsmänner haben auf jeder von ihnen ertheilten Ausfertigung der Verhandlung zu vermerken, ob und welcher Stempel zu der Urschrift verwendet ist.

§. 42.

Schreibgebühren und baare Auslagen sind dem Schiedsmanne sofort zu entrichten. Derselbe kann seine Thätigkeit von der vorherigen Entrichtung abhängig machen.

§. 43.

Die Schreibgebühren sind für die Aufnahme der Anträge, sowie für die Ausfertigungen und Abschriften der Verhandlungen und Bescheinigungen zu entrichten. Sie betragen mindestens fünfundzwanzig Pfennige und bei Schriftstücken von mehr als zwei Seiten für jede folgende Seite zehn Pfennige. Jede angefangene Seite wird voll berechnet.

§. 44.

Die Schreibgebühren und baaren Auslagen fallen der Partei zur Last, welche dieselbe veranlaßt hat. Ist jedoch ein Vergleich zu Stande gekommen oder die Vermittelung des Schiedsmanns von beiden Parteien nachgesucht, so haftet für die Schreibgebühren und baaren Auslagen, welche bis zum Schlusse der Verhandlung entstanden sind, jede Partei.

Erforderlichen Falls werden diese Gebühren und Auslagen auf Antrag des Schiedsmanns von den Betheiligten ebenso beigetrieben, wie die Gemeindeabgaben.

§. 45.

Die sächlichen Kosten des Schiedsmannsamts fallen der Gemeinde zur Last.

In Bezirken, welche aus mehreren Gemeinden bestehen, werden die sächlichen Kosten auf die betheiligten Gemeinden nach dem Maßstabe der Seelenzahl vertheilt. Den Gemeinden werden die selbstständigen Gutsbezirke gleich geachtet.

§. 46.

Die Geldstrafen, welche in Gemäßheit dieses Gesetzes zur Erhebung gelangen, fließen den Gemeinden zu, welche die sächlichen Kosten zu tragen haben.

Fünfter Abschnitt.

Schlußbestimmungen.

§. 47.

Die Vorschriften dieses Gesetzes, welche sich auf die Ausfertigung und Vollstreckung der abgeschlossenen Vergleiche beziehen, finden auch auf solche Vergleiche Anwendung, welche vor dem Inkrafttreten dieses Gesetzes von einem Schiedsmanne zu Protokoll genommen worden sind.

§. 48.

Die auf Grund der bisherigen Vorschriften berufenen Schiedsmänner haben bis zum Ablaufe ihrer Amtsperiode ihre Thätigkeit in Gemäßheit des gegenwärtigen Gesetzes fortzusetzen.

In denjenigen Landestheilen, in welchen das Institut der Schiedsmänner bisher nicht eingeführt worden ist, haben bis zum Amtsantritte der in Folge dieses Gesetzes zu berufenden Schiedsmänner die Amtsgerichte die Geschäfte der Vergleichsbehörde bei Beleidigungen (§. 420 der Strafprozeßordnung) wahrzunehmen.

§. 49.

Dieses Gesetz tritt gleichzeitig mit dem Deutschen Gerichtsverfassungsgesetz in Kraft. Mit der Ausführung werden der Justizminister und der Minister des Innern beauftragt.

Urkundlich unter Unserer Höchsteigenhändigen Unterschrift und beigedrucktem Königlichen Insiegel.

Gegeben Berlin, den 29. März 1879.

(L. S.) **Wilhelm.**

Gr. zu Stolberg. Leonhardt. Falk. v. Kameke.
Friedenthal. v. Bülow. Hofmann.
Gr. zu Eulenburg. Maybach. Hobrecht.

XIII.

Gesetz,

betreffend

die Uebergangsbestimmungen zur Deutschen Civilprozeßordnung und Deutschen Strafprozeßordnung

vom 31. März 1879.

XIII.

Gesetz,

betreffend

die Uebergangsbestimmungen zur Deutschen Civilprozeßordnung und Deutschen Strafprozeßordnung

vom 31. März 1879.

Wir Wilhelm, von Gottes Gnaden König von Preußen rc. verordnen, unter Zustimmung beider Häuser des Landtages der Monarchie, was folgt:

Erster Titel.

Bürgerliche Rechtsstreitigkeiten.

§. 1.

Die vor dem Inkrafttreten der Deutschen Civilprozeßordnung anhängig gewordenen bürgerlichen Rechtsstreitigkeiten werden, insoweit nicht in dem gegenwärtigen Gesetze etwas Anderes bestimmt ist, nach den bisherigen Vorschriften erledigt.

Als anhängig geworden im Sinne des vorstehenden Absatzes sind diejenigen Prozesse anzusehen, in welchen vor dem Inkrafttreten der Deutschen Civilprozeßordnung die Einreichung der Klage, in den Bezirken des Appellationsgerichtshofes zu Köln und des Appellationsgerichts zu Celle die Zustellung oder Behändigung der Klage erfolgt ist. Bei öffentlichen Zustellungen oder Ladungen genügt die theilweise Ausführung vor dem erwähnten Zeitpunkte.

§. 2.

Zustellungen in bürgerlichen Rechtsstreitigkeiten, welche nach den bisherigen Vorschriften erledigt werden, erfolgen unter entsprechender Anwendung der §§. 152 bis 159, 165 bis 174, 176 bis 189 der Deutschen Civilprozeßordnung.

Die Auseinandersetzungsbehörden können sich an Stelle der Gerichtsvollzieher anderer Beamten zur Bewirkung von Zustellungen bedienen; geschieht dieses, so finden die Vorschriften der §§. 156, 172 bis 174 der Deutschen Civilprozeßordnung nicht Anwendung.

Unberührt bleibt die bestehende Verpflichtung der Gerichte, Zustellungen und Behändigungen von Amtswegen zu betreiben.

Zustellungen durch die Post sind sofern das Schriftstück vor dem Inkrafttreten der Deutschen Civilprozeßordnung zur Post gegeben ist, auch gültig, wenn sie nach Maßgabe der bisherigen Vorschriften bewirkt werden. Dasselbe gilt für öffentliche Zustellungen, sofern sie vor dem erwähnten Zeitpunkte theilweise ausgeführt sind.

§. 3.

In bürgerlichen Rechtsstreitigkeiten, welche nach den bisherigen Vorschriften erledigt werden, finden die Vorschriften der Deutschen Civilprozeßordnung über die Berechtigung zur Verweigerung eines Zeugnisses (§§. 348 bis 350), über die Verpflichtung zur Erstattung eines Gutachtens (§§. 372, 373), über die Vernehmung und Beeidigung von Zeugen und Sachverständigen (§§. 341, 347, 356, 357, 359 bis 363, 375), über die zur Erzwingung eines Zeugnisses oder Gutachtens zulässigen Maßregeln (§§. 345, 355, 374) und über das Verfahren bei der Abnahme von Eiden (§§. 441 bis 446) entsprechende Anwendung.

§. 4.

Im Bezirke des Appellationsgerichtshofes zu Köln findet die Drittopposition nicht mehr statt, mag das Urtheil vor oder nach dem Inkrafttreten dieses Gesetzes erlassen sein.

§. 5.

Im Bezirke des Appellationsgerichtshofes zu Köln ist in bürgerlichen Rechtsstreitigkeiten eine Mitwirkung der Staatsanwaltschaft, soweit dieselbe nach den bestehenden Vorschriften als

Nebenpartei zur Mitwirkung berufen ist, nicht mehr erforderlich. Auf Ehesachen und Entmündigungssachen findet diese Vorschrift keine Anwendung.

§. 6.

Im Bezirke des Appellationsgerichts zu Celle ist ein vor dem Inkrafttreten der Deutschen Civilprozeßordnung beantragtes Mahnverfahren nach den Vorschriften der §§. 633 bis 643 der Deutschen Civilprozeßordnung zu erledigen, sofern nicht vor jenem Zeitpunkte gegen den Zahlungsbefehl Widerspruch erhoben ist.

§. 7.

Für bürgerliche Rechtsstreitigkeiten, welche nach den bisherigen Vorschriften erledigt werden, treten an die Stelle der im §. 12 Nr. 2 bis 6 des Ausführungsgesetzes zum Deutschen Gerichtsverfassungsgesetze vom 24. April 1878 aufgehobenen Gerichte die neu zu bildenden Landesgerichte nach Maßgabe der in den §§. 8 bis 11 enthaltenen Vorschriften.

§. 8.

Für die Geschäfte des Gerichts erster Instanz treten an die Stelle der Einzelrichter die Amtsgerichte, an die Stelle der Kollegialgerichte die Civilkammern der Landgerichte. Soweit Kammern für Handelssachen gebildet werden, treten diese für Rechtsstreitigkeiten, welche bisher durch das Kollegium zu erledigen waren, an die Stelle der Rheinischen Handelsgerichte, der Kommerz- und Admiralitätskollegien in Königsberg und Danzig, und der Gerichtsabtheilungen für See- und Handelssachen in Stettin, Memel und Elbing.

§. 9.

Für die Geschäfte des Gerichts zweiter Instanz treten an die Stelle der Appellationsgerichte die Civilsenate der Oberlandesgerichte, an die Stelle der übrigen, die Gerichtsbarkeit in zweiter Instanz ausübenden Kollegialgerichte die Civilkammern der Landgerichte.

Im Bezirke des Appellationsgerichts zu Celle erfolgen die Entscheidungen, welche im §. 8 Nr. IV des Gesetzes vom 31. März 1859 den großen Senaten der Obergerichte zugewiesen sind, unter Mitwirkung von fünf Mitgliedern einschließlich des Vorsitzenden.

§. 10.

Soweit die Appellationsgerichte zu Celle und Frankfurt a. M. nach den bisherigen Vorschriften als Gerichte dritter Instanz zuständig sind, treten an die Stelle derselben die Civilsenate der Oberlandesgerichte.

§. 11.

Wird der bisherige Bezirk eines Gerichts mehreren in Gemäßheit der §§. 8 bis 10 an dessen Stelle tretenden Gerichten zugetheilt, so geht der Rechtsstreit auf dasjenige der mehreren Gerichte über, zu dessen Bezirk der Sitz des in erster Instanz mit der Sache befaßt gewesenen Gerichts gehört. Auf übereinstimmenden Antrag der Parteien kann jedoch der Rechtsstreit an ein anderes der mehreren Gerichte abgegeben werden.

Im Sinne der vorstehenden Bestimmungen gelten im Bereiche der Verordnung vom 2. Januar 1849 die Gerichtskommissionen als solche Gerichte, welche in erster Instanz mit der Sache befaßt gewesen sind, auch dann, wenn die bei ihnen anhängig gewordenen Sachen bereits an das Kollegialgericht abgegeben waren.

§. 12.

Für die Nichtigkeits- oder Restitutionsklage gegen Endurtheile, welche in einem nach den bisherigen Vorschriften verhandelten Rechtsstreit erlassen sind (§. 20 des Einführungsgesetzes zur Deutschen Civilprozeßordnung), ist ausschließlich zuständig das Gericht, welches in dem Rechtsstreit erkannt hat, und zwar: wenn ein in dritter Instanz erlassenes Urtheil auf Grund des §. 542 oder des §. 543 Nr. 4, 5 der Deutschen Civilprozeßordnung angefochten wird, das Gericht dritter Instanz; wenn außer diesem Falle ein in höherer Instanz erlassenes Urtheil allein oder mit anderen Urtheilen angefochten wird, das Gericht zweiter Instanz; in allen anderen Fällen das Gericht erster Instanz. Ist das Endurtheil bereits vor dem Inkrafttreten der Deutschen Civilprozeßordnung erlassen, so finden die §§. 8 bis 11 entsprechende Anwendung.

§. 13.

Auf das Verfahren der Zwangsvollstreckung in das bewegliche Vermögen aus Entscheidungen, Anerkenntnissen und Mandaten (Zahlungsbefehlen), welche in einem nach den bisherigen

Vorschriften erledigten Verfahren erfolgt sind, einschließlich solcher Entscheidungen, welche den Arrestbefehlen und einstweiligen Verfügungen (§§. 796, 814 der Deutschen Civilprozeßordnung) entsprechen, ferner aus Urkunden, welche vor dem Inkrafttreten der Deutschen Civilprozeßordnung errichtet sind, finden die Vorschriften der Deutschen Civilprozeßordnung, die §§. 12, 16, 17 des Ausführungsgesetzes zur Deutschen Civilprozeßordnung, der §. 32 der Schiedsmannsordnung und der §. 162 des Deutschen Gerichtsverfassungsgesetzes entsprechende Anwendung, insoweit nicht in den §§. 14 bis 34 etwas Anderes bestimmt ist.

§. 14.

Die Vollstreckbarkeit der im §. 13 bezeichneten Schuldtitel, sowie die Zulässigkeit von Einwendungen, welche den vollstreckbaren Anspruch selbst betreffen, bestimmt sich nach den bisherigen Vorschriften.

§. 15.

Sind vor dem Inkrafttreten der Deutschen Civilprozeßordnung Gegenstände des beweglichen Vermögens, einschließlich der Früchte auf dem Halm, im Wege der Zwangsvollstreckung oder des Arrestes, einschließlich der saisie-arrêt, mit Beschlag belegt oder gepfändet, so erfolgt die Fortsetzung und Erledigung des Verfahrens nach den bisherigen Vorschriften.

Die den Gerichten zustehende Leitung der Zwangsvollstreckung erfolgt durch das Amtsgericht, in dessen Bezirk die Zwangsvollstreckung stattfindet. An Stelle der bisher zuständigen Vollstreckungsbeamten treten die Gerichtsvollzieher.

Insoweit nach den bisherigen Vorschriften der Gläubiger zur Geltendmachung einer mit Arrest belegten oder gepfändeten Forderung der Ueberweisung derselben bedarf, erfolgt die Ueberweisung nach den Vorschriften der Deutschen Civilprozeßordnung.

§. 16.

Die nach den bisherigen Vorschriften erlassene Anordnung der Haft ist von Amtswegen aufzuheben, soweit die Haft nach den Vorschriften der Deutschen Civilprozeßordnung nicht zulässig ist.

Die Beschlagnahme oder Pfändung von Gegenständen, welche nach den Vorschriften der Deutschen Civilprozeßordnung der Pfändung nicht unterworfen sind, ist auf Antrag des Schuldners aufzuheben, die Beschlagnahme oder Pfändung fortlaufender Einkünfte jedoch nur insoweit dieselben auf die Zeit nach Einführung der Deutschen Civilprozeßordnung fallen. Vor der Entscheidung ist der Gläubiger zu hören.

§. 17.

Ist im Geltungsbereiche der Allgemeinen Gerichtsordnung, der Verordnung vom 21. Juli 1849 und der Verordnung vom 24. Juni 1867, sowie im Bezirke des Appellationsgerichts zu Frankfurt a. M. und im Kreise Herzogthum Lauenburg vor dem Inkrafttreten der Deutschen Civilprozeßordnung die Vollstreckung einer Exekution oder die Vollziehung eines Arrestes in bewegliche körperliche Sachen oder die Haft beantragt, so erfolgt die Anordnung der beantragten Vollstreckungsmaßregel durch das an die Stelle des bisher zuständigen Gerichts tretende Gericht (§§. 8 bis 11) nach den bisherigen Vorschriften, die Ausführung der angeordneten Maßregel auf Grund des richterlichen Exekutionsbefehls oder des an ein anderes Gericht erlassenen Ersuchungsschreibens nach den Vorschriften der Deutschen Civilprozeßordnung.

Der Gerichtsvollzieher ist durch den Gerichtsschreiber zu beauftragen, sofern der Gläubiger nicht selbst einen Auftrag ertheilt. Der von dem Gerichtsschreiber beauftragte Gerichtsvollzieher gilt als von dem Gläubiger beauftragt.

Der Exekutionsbefehl oder das Ersuchungsschreiben vertritt die Stelle der vollstreckbaren Ausfertigung des Schuldtitels. Die §§. 671, 672 der Deutschen Civilprozeßordnung finden keine Anwendung.

§. 18.

Ist in einem der im §. 17 bezeichneten Rechtsgebiete vor dem Inkrafttreten der Deutschen Civilprozeßordnung die Beschlagnahme oder Ueberweisung einer Forderung oder eines anderen Vermögensrechtes beantragt, so erfolgt die Verfügung auf den Antrag und die Erledigung derselben, sowie die Erledigung einer bereits erlassenen, aber noch nicht zur Ausführung gelangten Verfügung, durch das an die Stelle des bisher zuständigen Gerichts tretende Gericht (§§. 8 bis 11) nach den bisherigen Vorschriften. Durch die Zustellung an den Drittschuldner wird die Pfändung der Forderung mit den im §. 709 der Deutschen Civilprozeßordnung bezeichneten Folgen bewirkt. Die durch eine Ueberweisung eintretenden sonstigen Folgen werden hierdurch nicht berührt.

Ist vor dem Inkrafttreten der Deutschen Civilprozeßordnung die Ermächtigung zur Einklagung einer Forderung, welche die Herausgabe oder Leistung beweglicher körperlicher Sachen zum Gegenstande hat, oder die Beschlagnahme einer solchen Forderung verfügt worden, so erfolgt die Ablieferung des Gegenstandes der Forderung an einen von dem Gläubiger zu beauftragenden Gerichtsvollzieher, die Verwerthung der Sache nach den Vorschriften der Deutschen Civilprozeßordnung über die Verwerthung gepfändeter Sachen.

§. 19.

In den im §. 17 bezeichneten Rechtsgebieten ist die vollstreckbare Ausfertigung von Entscheidungen, Anerkenntnissen und Mandaten (Zahlungsbefehlen), welche in einem nach den bisherigen Vorschriften erledigten Verfahren erfolgt sind, und von gerichtlichen Vergleichen über rechtshängige Gegenstände, welche vor dem Inkrafttreten der Deutschen Civilprozeßordnung abgeschlossen sind, von dem Gerichtsschreiber des Gerichts erster Instanz oder des an die Stelle desselben tretenden Gerichts (§§. 8, 11) zu ertheilen. Die Ertheilung darf nur erfolgen, soweit die Zwangsvollstreckung nach Maßgabe der bisherigen Vorschriften zulässig ist. Die Anwendung der §§. 664 bis 667, 669 der Deutschen Civilprozeßordnung wird hierdurch nicht ausgeschlossen.

Bei Ertheilung der vollstreckbaren Ausfertigung hat der Gerichtsschreiber die Zustellung des vollstreckbaren Schuldtitels an den Schuldner, sofern dieselbe erfolgt ist, zu bescheinigen.

Beantragt die Partei, zu deren Gunsten bereits vor dem Inkrafttreten der Deutschen Civilprozeßordnung die Exekution verfügt und noch nicht erledigt war, die Ertheilung einer vollstreckbaren Ausfertigung, so findet der §. 669 der Deutschen Civilprozeßordnung entsprechende Anwendung.

§. 20.

Soweit im Geltungsbereiche der Allgemeinen Gerichtsordnung, der Verordnung vom 21. Juli 1849 und der Verordnung vom 24. Juni 1867, sowie im Kreise Herzogthum Lauenburg das Rechtsmittel der Restitution, des Rekurses, der Appellation oder der Nichtigkeitsbeschwerde, oder im Bezirke des Appellationsgerichts zu Frankfurt a. M. das Rechtsmittel der Provokation, der Appellation oder der Oberappellation gegen eine Entscheidung noch zulässig, oder eingelegt und noch nicht erledigt ist, darf eine vollstreckbare Ausfertigung der Entscheidung nur auf Anordnung des Gerichts ertheilt werden. Vor der Entscheidung kann der Schuldner gehört werden. Die Anordnung ist in der Vollstreckungsklausel zu erwähnen.

Der Gerichtsschreiber hat den Schuldner von der Ertheilung der vollstreckbaren Ausfertigung in Kenntniß zu setzen, wenn die Entscheidung, durch welche dieselbe angeordnet wurde, nicht verkündet ist.

§. 21.

Wenn in Prozessen, welche nach den bisherigen Vorschriften verhandelt werden, ein vorläufig vollstreckbares Urtheil durch ein Urtheil höherer Instanz abgeändert, vernichtet oder aufgehoben ist, so erfolgt die Zwangsvollstreckung zur Wiedererstattung des auf Grund des vorläufig vollstreckbaren Urtheils Gegebenen oder Geleisteten, soweit solche bisher zulässig war, auf Grund eines von dem Prozeßgericht erster Instanz nach Maßgabe der bisherigen Vorschriften zu erlassenden Exekutionsbefehls unter entsprechender Anwendung des §. 17.

§. 22.

Im Bezirke des Appellationsgerichtshofes zu Köln sind die Urtheile, welche in einem nach den bisherigen Vorschriften verhandelten Rechtsstreit erlassen sind, in der durch die bisherigen Vorschriften bestimmten Form auszufertigen. Dasselbe gilt für die vor dem Inkrafttreten der Deutschen Civilprozeßordnung notariell aufgenommenen Urkunden und gerichtlich aufgenommenen Vergleiche. Die nach den bisherigen Vorschriften ertheilten Ausfertigungen solcher Urtheile und Urkunden vertreten, soweit sie vollstreckbar sind, die Stelle der vollstreckbaren Ausfertigung. An Stelle der §§. 664 bis 667, 669, 671 der Deutschen Civilprozeßordnung kommen die entsprechenden bisherigen Vorschriften zur Anwendung.

§. 23.

Ein im Bezirke des Appellationsgerichts zu Celle nach den bisherigen Vorschriften für vollstreckbar erklärter Zahlungsbefehl und eine in diesem Bezirke vor dem Inkrafttreten der Deutschen Civilprozeßordnung ertheilte vollstreckbare Ausfertigung einer Entscheidung oder einer Urkunde gilt als vollstreckbare Ausfertigung nach den Vorschriften der Deutschen Civilprozeßordnung.

§. 24.

In den im §. 17 bezeichneten Rechtsgebieten findet das Verfahren über die Rechtfertigung eines Arrestes nach den bisherigen Vorschriften statt, sofern der Antrag auf Erlaß des Arrestbefehls bereits vor dem Inkrafttreten der Deutschen Civilprozeßordnung gestellt war.

Im Bezirke des Appellationsgerichtshofes zu Köln finden auf ein Prozeßverfahren behufs Gültigkeitserklärung eines Arrestes oder einer Beschlagnahme (Art. 557, 558, 819, 820, 822, 826 der Rheinischen Civilprozeßordnung) die Vorschriften der Deutschen Civilprozeßordnung Anwendung, sofern nicht bereits vor dem Inkrafttreten derselben die Klage erhoben ist.

Im Bezirke des Appellationsgerichts zu Celle finden zum Zwecke der Aufhebung des Arrestes oder einer einstweiligen Verfügung, welche ohne vorheriges Gehör des Gegners erlassen sind, die §§. 804, 805 der Deutschen Civilprozeßordnung Anwendung, sofern nicht bereits vor dem Inkrafttreten derselben eine Gegenvorstellung erhoben ist.

§. 25.

Die fernere Pfändung von Gegenständen des beweglichen Vermögens, welche vor dem Inkrafttreten der Deutschen Civilprozeßordnung in Beschlag genommen, gepfändet oder überwiesen sind, erfolgt nach den Vorschriften der Deutschen Civilprozeßordnung. Die Abschrift des Protokolls über die fernere Pfändung beweglicher körperlicher Sachen ist, wenn die Zwangsvollstreckung durch das Gericht geleitet wird, dem letzteren einzureichen.

Im Falle der ferneren Pfändung von Forderungen oder anderen Vermögensrechten finden die §§. 750 bis 753 der Deutschen Civilprozeßordnung und der §. 17 des Ausführungsgesetzes zu derselben Anwendung.

§. 26.

Die §§. 750 bis 753 der Deutschen Civilprozeßordnung und der §. 17 des Ausführungsgesetzes zu derselben finden auch dann Anwendung, wenn die Theilnahme mehrerer Gläubiger an der Zwangsvollstreckung in eine Forderung durch eine vor dem Inkrafttreten der Deutschen Civilprozeßordnung erfolgte Beschlagnahme oder Ermächtigung zur Einklagung der Forderung oder durch den Beitritt eines Gläubigers zu diesen Maßregeln hergestellt ist. Die Beschlagnahme und der Beitritt zu derselben stehen der Pfändung, die Ermächtigung zur Einklagung und der Beitritt zu derselben stehen der Ueberweisung im Sinne der erwähnten Vorschriften der Civilprozeßordnung gleich.

Die Bestimmungen des §. 753 Abs. 1, 3 bis 5 finden jedoch keine Anwendung, wenn die Klage gegen den Drittschuldner vor dem Inkrafttreten der Deutschen Civilprozeßordnung anhängig geworden ist.

Die nach §. 750 der Deutschen Civilprozeßordnung erforderliche Anzeige ist dem nach §. 29 für das Vertheilungsverfahren zuständigen Gerichte zu erstatten.

§. 27.

Wird durch die Theilnahme mehrerer Gläubiger an einer Vollstreckungsmaßregel ein Vertheilungsverfahren nothwendig, so finden die §§. 758 bis 768 der Deutschen Civilprozeßordnung Anwendung, sofern das Vertheilungs- (Distributions-, Prioritäts-) Verfahren nicht bereits vor dem Inkrafttreten der Deutschen Civilprozeßordnung eröffnet worden ist.

Im Bezirke des Appellationsgerichtshofes zu Köln tritt die Anwendung der bezeichneten Vorschriften der Deutschen Civilprozeßordnung ein, sofern vor dem Inkrafttreten derselben die Ernennung eines Richterkommissars nach Maßgabe des Art. 658 der Rheinischen Civilprozeßordnung noch nicht stattgefunden hat.

§. 28.

Ein vor dem Inkrafttreten der Deutschen Civilprozeßordnung eröffnetes Vertheilungsverfahren über Besoldungen oder andere an die Person des Schuldners gebundene fortlaufende Einkünfte ist nur rücksichtlich der Einkünfte des laufenden Kalenderjahres nach den bisherigen Vorschriften fortzusetzen. Ein Beitritt zu der erfolgten Beschlagnahme findet nach dem Inkrafttreten der

Deutschen Civilprozeßordnung nicht mehr statt. Eine nachher erfolgende Pfändung der Einkünfte hat neben den Wirkungen der Pfändung auch die Wirkung des Beitritts zu dem eröffneten Verfahren, insoweit derselbe nach den bisherigen Vorschriften zulässig ist.

§. 29.

Für ein nach den bisherigen Vorschriften fortzusetzendes Vertheilungs= (Distributions=, Prioritäts=) Verfahren ist das Amtsgericht, im Bezirke des Appellationsgerichtshofes zu Köln das Landgericht zuständig, zu dessen Bezirk der Sitz des nach den bisherigen Vorschriften zuständigen Gerichts gehört.

In einem solchen Verfahren kann die in den bisherigen Vorschriften begründete Befugniß, sich nach der Eröffnung des Verfahrens an demselben zu betheiligen, auch nach dem Inkrafttreten der Deutschen Civilprozeßordnung ausgeübt werden.

§. 30.

Sind in einem nach den bisherigen Vorschriften zu behandelnden Vertheilungsverfahren Streitpunkte im Wege des Prozesses ohne Erhebung einer besonderen Klage zu erledigen, so bestimmt sich die sachliche Zuständigkeit der Gerichte nach den bisherigen Vorschriften unter Anwendung der §§. 8 bis 11 dieses Gesetzes.

§. 31.

Die Vorschriften der Deutschen Civilprozeßordnung über die Einstellung, Beschränkung und Aufhebung der Zwangsvollstreckung, sowie über die Geltendmachung von Einwendungen, welche die Zwangsvollstreckung betreffen, finden auch dann Anwendung, wenn die Zwangsvollstreckung im Uebrigen nach den bisherigen Vorschriften zu erledigen ist.

Die Vorschriften der Rheinischen Civilprozeßordnung über die Einstellung der Zwangsvollstreckung auf Grund der Einlegung eines Rechtsmittels kommen neben den Vorschriften der Deutschen Civilprozeßordnung zur Anwendung.

§. 32.

Rechte, welche ein Gläubiger vor dem Inkrafttreten der Deutschen Civilprozeßordnung durch Beschlagnahme, Pfändung oder Ueberweisung erlangt hat, bleiben in Kraft auch gegenüber einer Pfändung, welche binnen zweier Jahre nach diesem

Zeitpunkte bewirkt wird. Der Gläubiger, für welchen die spätere Pfändung erfolgt ist, hat gegenüber jenem Gläubiger diejenigen Rechte, welche er erlangt haben würde, wenn die Pfändung nach den bisherigen Vorschriften als Pfändung oder als Beitritt oder Anschluß zu der früheren Maßregel erfolgt wäre.

In den Landestheilen, in welchen vor dem Inkrafttreten der Deutschen Civilprozeßordnung nach dem bisherigen Rechte durch die Pfändung ein Pfandrecht begründet ist, gewährt dieses Pfandrecht dem Gläubiger die im §. 709 der Deutschen Civilprozeßordnung bezeichneten Rechte.

§. 33.

Die Uebergangsbestimmungen für die Zwangsvollstreckung in das unbewegliche Vermögen werden durch besonderes Gesetz getroffen.

§. 34.

Entmündigungssachen und gerichtliche Aufgebote sind nach den bisherigen Vorschriften zu erledigen, wenn vor dem Inkrafttreten dieses Gesetzes das Verfahren beantragt war.

Aufgebote zum Zwecke der Kraftloserklärung von Urkunden, sofern sie nach den bisherigen Vorschriften außergerichtlich stattfinden, sind nach diesen Vorschriften nur dann zu erledigen, wenn eine öffentliche Bekanntmachung des Aufgebots bereits erfolgt ist.

Zweiter Titel.

Strafsachen.

§. 35.

Die vor dem Inkrafttreten des Deutschen Gerichtsverfassungsgesetzes bei den aufgehobenen Gerichten anhängig gewordenen Strafsachen gehen, sofern für das weitere Verfahren die Vorschriften der Deutschen Strafprozeßordnung und des Forstdiebstahlsgesetzes vom 15. April 1878 Anwendung finden, auf die ordentlichen Gerichte nach Maßgabe der denselben beigelegten Zuständigkeit über. Die Ueberweisung von Strafsachen an die Schöffengerichte in Gemäßheit des §. 75 des Deutschen Gerichtsverfassungsgesetzes kann auch dann erfolgen, wenn das Hauptverfahren vor dem Inkrafttreten des Deutschen Gerichtsverfassungsgesetzes eröffnet worden ist.

Insoweit für das weitere Verfahren die bisherigen Vorschriften maßgebend sind, kommen die §§. 8, 9, §. 11 Abs. 1 dieses Gesetzes zur entsprechenden Anwendung. Die Gerichte zweiter Instanz entscheiden in der Besetzung mit der durch die bisher geltenden Bestimmungen vorgeschriebenen Anzahl von Mitgliedern.

§. 36.

Auf das Verfahren bei nicht öffentlichen Zustellungen in Strafsachen, welche nach den bisherigen Gesetzen verhandelt werden, finden die §§. 37, 38, 41 der Deutschen Strafprozeßordnung Anwendung.

Zustellungen durch die Post sind, sofern das Schriftstück vor dem Inkrafttreten der Deutschen Strafprozeßordnung zur Post gegeben ist, auch gültig, wenn sie nach Maßgabe der bisherigen Vorschriften bewirkt werden.

§. 37.

In Strafsachen, welche nach den bisherigen Vorschriften verhandelt werden, finden die Vorschriften der Deutschen Strafprozeßordnung über die Berechtigung zur Verweigerung eines Zeugnisses (§§. 51 bis 55), über die Verpflichtung zur Erstattung eines Gutachtens (§§. 75, 76), über die Vernehmung und Beeidigung von Zeugen und Sachverständigen (§§. 49, 56 bis 64, 66 bis 71, 79, 80), über die zur Erzwingung eines Zeugnisses oder Gutachtens zulässigen Maßregeln (§§. 50, 69, 77), über die Beschlagnahme und Durchsuchung, sowie über die Verhaftung und vorläufige Festnahme (§§. 93 bis 132) entsprechende Anwendung.

§. 38.

Wird in Strafsachen, welche nach den bisherigen Vorschriften verhandelt sind, die Wiederaufnahme des durch rechtskräftiges Urtheil geschlossenen Verfahrens beantragt, so ist für die Entscheidung über den Antrag, sowie für die Verhandlung und Entscheidung in dem wieder aufgenommenen Verfahren dasjenige Gericht zuständig, welches zuständig sein würde, wenn das frühere Verfahren auf Grund der Vorschriften der Deutschen Strafprozeßordnung, des Deutschen Gerichtsverfassungsgesetzes und der zur Ausführung derselben erlassenen Landesgesetze stattgefunden hätte. Wird das Urtheil des Berufungsgerichts in einer

Sache angefochten, in welcher nach den Vorschriften der Deutschen Strafprozeßordnung die Berufung nicht stattfindet, so ist das Gericht erster Instanz zuständig.

§. 39.

Die bisherigen Vorschriften über die Frist für die Einlegung des Einspruchs gegen einen richterlichen Strafbefehl finden auf die vor dem Inkrafttreten der Deutschen Strafprozeßordnung erlassenen Strafbefehle Anwendung, mag die Zustellung des Befehls vor oder nach jenem Zeitpunkte erfolgt sein.

§. 40.

Für das gerichtliche Verfahren bei der Strafvollstreckung (§§. 483, 494 der Deutschen Strafprozeßordnung) aus Urtheilen, welche von den aufgehobenen Gerichten erlassen sind, ist in den bisher zur Zuständigkeit der Einzelrichter gehörigen Sachen das Amtsgericht, in allen anderen Sachen das Landgericht zuständig. Die Vorschrift im ersten Satze des §. 11 dieses Gesetzes findet entsprechende Anwendung.

§. 41.

Tritt ein in Gemäßheit der Vorschriften der Artikel 34 bis 45, 50 des Gesetzes vom 3. Mai 1852, des §. 9 des Gesetzes vom 25. April 1853, betreffend die Kompetenz des Kammergerichts zur Untersuchung und Entscheidung wegen der Staatsverbrechen, der Art. 465 bis 478 der Rheinischen Strafprozeßordnung oder der §§. 453 bis 460 der Strafprozeßordnung vom 25. Juni 1867 erlassenes vorläufiges Strafurtheil in Folge der Selbstgestellung oder Haftnahme des Verurtheilten außer Kraft, so hat das nach Vorschrift des §. 40 für das gerichtliche Verfahren bei der Strafvollstreckung zuständige Gericht die Einstellung der letzteren anzuordnen und die Verhandlungen an das nach §. 35 Abs. 1 für das weitere Verfahren zuständige Gericht abzugeben.

§. 42.

Insoweit die Verfolgung von Beleidigungen und Körperverletzungen nach den bisherigen Vorschriften im Wege des Civilprozesses stattfand, richtet sich die Erledigung eines anhängigen Verfahrens nach den Bestimmungen der §§. 1, 2, 3, §. 35 Abs. 2 dieses Gesetzes.

§. 43.

Insoweit nach den Bestimmungen der Deutschen Strafprozeßordnung die Vollstreckung der Entscheidung nach den Vorschriften über die Vollstreckung der Entscheidungen der Civilgerichte zu erfolgen hat, finden auf eine vor dem Inkrafttreten dieses Gesetzes anhängig gewordene Vollstreckung die im ersten Titel dieses Gesetzes enthaltenen Vorschriften entsprechende Anwendung.

Dritter Titel.

Allgemeine Bestimmungen.

§. 44.

Die Gerichtsbarkeit für die Verhandlung und Entscheidung derjenigen bürgerlichen Rechtsstreitigkeiten und Strafsachen, welche nach den bisherigen Prozeßgesetzen von dem Obertribunal zu erledigen gewesen wären, wird durch ein besonderes Gesetz geregelt, sofern diese Gerichtsbarkeit nicht in Gemäßheit des §. 15 des Einführungsgesetzes zum Deutschen Gerichtsverfassungsgesetze dem Reichsgericht übertragen wird.

§. 45.

In bürgerlichen Rechtsstreitigkeiten und Strafsachen, welche nach den bisherigen Vorschriften zu erledigen sind, finden hinsichtlich der Gewährung der Rechtshülfe, der Oeffentlichkeit und Sitzungspolizei, der Berathung und Abstimmung und der Gerichtsferien die Vorschriften der §§. 87 bis 91 des Ausführungsgesetzes zum Deutschen Gerichtsverfassungsgesetze vom 24. April 1878 entsprechende Anwendung.

§. 46.

Die vor dem Inkrafttreten des Deutschen Gerichtsverfassungsgesetzes erlassenen Schreiben, durch welche ein Gericht um Rechtshülfe oder in bürgerlichen Rechtsstreitigkeiten um Zwangsvollstreckung ersucht wird, sind zur weiteren Veranlassung an das Amtsgericht, in dessen Bezirk die Amtshandlung vorgenommen werden soll, abzugeben.

§. 47.

Auf die im §. 19 Nr. 1, 3 des Ausführungsgesetzes zum Deutschen Gerichtsverfassungsgesetze vom 24. April 1878 bezeichneten Rechtsstreitigkeiten finden nur die Vorschriften der §§. 2, 3, 44, auf die im §. 19 Nr. 2 jenes Gesetzes bezeichneten Rechtsstreitigkeiten nur die Vorschriften der §§. 2, 3, 8, 9, 11, 44 des gegenwärtigen Gesetzes Anwendung.

§. 48.

Die Bestimmungen der §§. 1 bis 47 treten gleichzeitig mit dem Deutschen Gerichtsverfassungsgesetze in Kraft.

In anhängigen Sachen können schon vor diesem Zeitpunkte Ladungen vor diejenigen Landesgerichte erfolgen, welche an die Stelle der aufgehobenen Gerichte treten. In Strafsachen bestimmt sich die in solche Ladungen aufzunehmende Verwarnung, sofern nach dem Inkrafttreten des Deutschen Gerichtsverfassungsgesetzes die neuen Prozeßgesetze zur Anwendung kommen, nach den Vorschriften der letzteren.

Urkundlich unter Unserer Höchsteigenhändigen Unterschrift und beigedrucktem Königlichen Insiegel.

Gegeben Berlin, den 31. März 1879.

(L. S.) **Wilhelm.**

Gr. zu Stolberg. Leonhardt. Falk. v. Kameke.
Friedenthal. v. Bülow. Hofmann.
Gr. zu Eulenburg. Maybach. Hobrecht.

XIV.

Gesetz,

betreffend

die Abänderung von Bestimmungen der Disziplinargesetze

vom 9. April 1879.

XIV.

Gesetz,

betreffend

die Abänderung von Bestimmungen der Disziplinargesetze

vom 9. April 1879.

Wir Wilhelm, von Gottes Gnaden König von Preußen rc. verordnen, unter Zustimmung beider Häuser des Landtages der Monarchie, was folgt:

§. 1.

Die Bestimmungen

1. der Gesetze vom 7. Mai 1851 und 26. März 1856, betreffend die Dienstvergehen der Richter und die unfreiwillige Versetzung derselben auf eine andere Stelle oder in den Ruhestand,
2. des Gesetzes vom 21. Juli 1852, betreffend die Dienstvergehen der nicht richterlichen Beamten, die Versetzung derselben auf eine andere Stelle oder in den Ruhestand,
3. der Verordnung vom 23. September 1867, betreffend die Ausdehnung der Preußischen Disziplinargesetze auf die Beamten in den neu erworbenen Landestheilen,
4. des §. 5 des Gesetzes vom 27. März 1872, betreffend die Errichtung und die Befugnisse der Oberrechnungskammer,
5. des §. 34 Abs. 2 des Gesetzes vom 12. Mai 1873, über die kirchliche Disziplinargewalt und die Errichtung des Königlichen Gerichtshofes für kirchliche Angelegenheiten,

sowie die in diesen gesetzlichen Bestimmungen (Nr. 1 bis 5) in Bezug genommenen Gesetze werden durch die in den §§. 2 bis 26 enthaltenen Vorschriften abgeändert.

§. 2.

Im Sinne der im §. 1 bezeichneten Gesetze gelten als Einzelrichter die Amtsgerichte, als Gerichte erster Instanz die Landgerichte.

§. 3.

An die Stelle der Appellationsgerichte treten die Oberlandesgerichte.

§. 4.

Zur Erledigung der Angelegenheiten, welche den Plenarversammlungen der Appellationsgerichte zugewiesen sind, werden bei den Oberlandesgerichten Disziplinarsenate gebildet. Dieselben entscheiden in der Besetzung von sieben Mitgliedern mit Einschluß des Vorsitzenden.

§. 5.

Vorsitzender des Disziplinarsenats ist der Präsident, im Falle der Verhinderung desselben der älteste Senatspräsident.

Zu den Mitgliedern gehört der älteste Senatspräsident oder, falls dieser den Vorsitz führt, der nächstälteste Senatspräsident.

§. 6.

Für den Disziplinarsenat des Oberlandesgerichts zu Berlin gelten die nachstehenden besonderen Bestimmungen:

Vorsitzender des Disziplinarsenats ist der älteste Senatspräsident, im Falle der Verhinderung desselben der nächstälteste Senatspräsident.

Zu den Mitgliedern gehört der nächstälteste Senatspräsident oder, falls dieser den Vorsitz führt, der ihm dem Alter nach folgende Senatspräsident.

§. 7.

Die Bestimmung der aus der Zahl der Räthe erforderlichen Mitglieder des Disziplinarsenats erfolgt nach den für die Bildung der Civil- und Strafsenate geltenden Vorschriften.

§. 8.

An die Stelle des Obertribunals tritt der bei dem Oberlandesgericht zu Berlin zu bildende große Disziplinarsenat.

Der große Disziplinarsenat entscheidet in der Besetzung von fünfzehn Mitgliedern mit Einschluß des Vorsitzenden.

§. 9.

Vorsitzender des großen Disziplinarsenats ist der Präsident, im Falle der Verhinderung desselben der älteste Senatspräsident.

Zu den Mitgliedern gehören die fünf ältesten Senatspräsidenten oder, falls der älteste Senatspräsident den Vorsitz führt, die fünf ihm dem Alter nach folgenden Senatspräsidenten.

Die Bestimmung der aus der Zahl der Räthe erforderlichen Mitglieder des großen Disziplinarsenats erfolgt nach den für die Bildung der Civil- und Strafsenate geltenden Vorschriften.

Ein Richter, welcher bei einer durch ein Rechtsmittel angefochtenen Entscheidung mitgewirkt hat, ist von der Mitwirkung bei der Entscheidung des großen Disziplinarsenats kraft Gesetzes ausgeschlossen.

§. 10.

Das Alter der Senatspräsidenten wird nach dem Dienstalter, bei gleichem Dienstalter nach dem Lebensalter bestimmt. Die Senatspräsidenten, welche im einzelnen Falle in Folge rechtlicher oder thatsächlicher Verhinderung an der Entscheidung nicht Theil nehmen können, kommen für die nach dem Alter sich ergebende Reihenfolge nicht in Betracht.

§. 11.

Die Angelegenheiten, welche den Abtheilungen und Senaten der Appellationsgerichte zugewiesen sind, werden von dem Senat des Oberlandesgerichts, in welchem der Präsident den Vorsitz führt, in der Besetzung von fünf Mitgliedern mit Einschluß des Vorsitzenden erledigt.

§. 12.

Hülfsrichter sind von der Theilnahme an den Entscheidungen über Disziplinarsachen ausgeschlossen.

Die mit der Voruntersuchung beauftragten Richter sind von der Theilnahme an den Entscheidungen, die Richter, welche an Beschlüssen außerhalb der Hauptverhandlung mitgewirkt haben, von der Theilnahme an dem Hauptverfahren nicht ausgeschlossen.

Die Entscheidungen erfolgen nach der absoluten Mehrheit der Stimmen.

§. 13.

Die richterlichen Mitglieder des Disziplinarhofes für nicht richterliche Beamte müssen dem Oberlandesgericht in Berlin angehören.

§. 14.

Die Präsidenten der Oberlandesgerichte, des Revisionskollegiums für Landeskultursachen, der Ober-Rechnungskammer und des Königlichen Gerichtshofes für kirchliche Angelegenheiten, sowie der Generalauditeur der Armee, unterliegen nicht der Vorschrift des §. 13 des Gesetzes vom 7. Mai 1851.

Den bezeichneten Beamten kann die im §. 58 des Gesetzes vom 7. Mai 1851 vorgeschriebene Eröffnung nur auf Grund eines Beschlusses des großen Disziplinarsenats gemacht werden.

§. 15.

Die in dem Gesetze vom 21. Juli 1852 hinsichtlich der Polizeianwälte getroffenen Bestimmungen finden auf die Amtsanwälte entsprechende Anwendung.

§. 16.

Die in den §§. 57, 58, 63 des Gesetzes vom 21. Juli 1852 hinsichtlich der Beamten der gerichtlichen Polizei getroffenen Bestimmungen finden auf die Beamten des Polizei- und Sicherheitsdienstes, welche Hülfsbeamte der Staatsanwaltschaft sind, mit der Maßgabe Anwendung, daß gegen solche Beamte, welche ihr Amt als Ehrenamt versehen, Ordnungsstrafen von den Justizbehörden nicht festgesetzt werden dürfen.

§. 17.

Die im Bezirke des Appellationsgerichtshofes zu Köln hinsichtlich der Gerichtsschreiber geltenden besonderen Vorschriften werden aufgehoben.

Die Gerichtsschreiber gelten auch in dem gedachten Bezirke im Sinne des Gesetzes vom 21. Juli 1852 als Bureaubeamte bei den Gerichten.

§. 18.

Die Gerichtsvollzieher unterliegen denselben Bestimmungen wie die Gerichtsschreiber.

Die Befugniß zur Festsetzung von Ordnungsstrafen gegen Gerichtsvollzieher steht den in Gemäßheit des §. 73 des Ausführungsgesetzes zum Deutschen Gerichtsverfassungsgesetze vom 24. April 1878 zu bestimmenden Aufsichtsbeamten zu.

Geldstrafen dürfen verhängt werden:

1. von den Aufsichtsbeamten bei den Oberlandesgerichten bis zum Betrage von neunzig Mark;
2. von den Aufsichtsbeamten bei den Landgerichten bis zum Betrage von dreißig Mark;
3. von den Aufsichtsbeamten bei den Amtsgerichten bis zum Betrage von neun Mark.

§. 19.

Hinsichtlich der Bureau- und Unterbeamten, welche unter der alleinigen Aufsicht der Staatsanwaltschaft stehen, finden die hinsichtlich der Bureau- und Unterbeamten bei den Gerichten in dem Gesetze vom 21. Juli 1852 getroffenen Bestimmungen mit der Maßgabe Anwendung, daß die Befugniß zur Festsetzung von Ordnungsstrafen den Beamten der Staatsanwaltschaft zusteht, Geldstrafen jedoch nur verhängt werden dürfen:

1. von dem Oberstaatsanwalt bis zum Betrage von neunzig Mark;
2. von dem Ersten Staatsanwalt bis zum Betrage von dreißig Mark.

§. 20.

Beschwerden der in den §§. 17 bis 19 bezeichneten Beamten gegen die Festsetzung von Ordnungsstrafen werden im Aufsichtswege erledigt.

§. 21.

In dem Geltungsbereiche des Gesetzes vom 30. April 1847, über die Bildung eines Ehrenraths, und im Kreise Herzogthum Lauenburg ist hinsichtlich der Notare der Disziplinarsenat des Oberlandesgerichts (§. 4) das zuständige Disziplinargericht erster Instanz. Auf das Disziplinarverfahren und die vorläufige Enthebung vom Amte finden mit den aus dem gegenwärtigen Gesetze sich ergebenden Abänderungen die Vorschriften des zweiten und dritten Abschnitts des Gesetzes vom 7. Mai 1851 Anwendung.

§. 22.

Wird gegen einen Notar, welcher zugleich Rechtsanwalt ist, auf Ausschließung von der Rechtsanwaltschaft rechtskräftig erkannt, so erlischt dessen Amt als Notar von selbst.

§. 23.

Richterlichen Beamten gegenüber liegt in dem Recht der Aufsicht (§. 78 des Ausführungsgesetzes zum Deutschen Gerichtsverfassungsgesetze vom 24. April 1878) die Befugniß, die ordnungswidrige Ausführung eines Amtsgeschäfts zu rügen und zu dessen rechtzeitiger und sachgemäßer Erledigung zu ermahnen.

Beantragt der richterliche Beamte die Einleitung der Disziplinaruntersuchung, weil ihm eine Ordnungswidrigkeit oder Säumniß in der Erledigung eines Amtsgeschäfts nicht zur Last falle, so ist diesem Antrage stattzugeben. In dem Endurtheil ist zugleich über die Aufrechterhaltung oder Aufhebung der im Aufsichtswege getroffenen Maßregel zu erkennen.

Es kann in diesem Verfahren im Falle der Feststellung eines Disziplinarvergehens auch auf Disziplinarstrafe erkannt werden.

Hat der Beamte die Beschwerde auf Grund des §. 85 des Ausführungsgesetzes zum Deutschen Gerichtsverfassungsgesetze eingelegt, so findet der Antrag auf Einleitung der Disziplinaruntersuchung nicht statt. Ebenso schließt der Antrag auf Einleitung der Disziplinaruntersuchung die Beschwerde aus.

§. 24.

Die Vorschriften des §. 23 Abs. 2 und 3 finden entsprechende Anwendung, wenn auf Grund des §. 13 des Gesetzes vom 7. Mai 1851 eine Mahnung erlassen ist.

§. 25.

Auf richterliche Beamte, welche nicht unter der Aufsicht der Justizverwaltung oder nicht ausschließlich unter der Aufsicht der Justizverwaltung stehen, finden die Bestimmungen der §§. 23, 24 nicht Anwendung.

§. 26.

Die Vorschriften der im §. 1 bezeichneten Gesetze finden mit den aus dem gegenwärtigen Gesetze sich ergebenden Abänderungen auf die in Gemäßheit des Ausführungsgesetzes zum Deutschen Gerichtsverfassungsgesetze vom 24. April 1878 zur

Verfügung des Justizministers verbleibenden und einstweilig in den Ruhestand tretenden Beamten entsprechende Anwendung.

§. 27.

Die Bestimmungen der im §. 1 Nr. 1 bezeichneten Gesetze kommen mit den aus dem gegenwärtigen Gesetze sich ergebenden Abänderungen auch im Kreise Herzogthum Lauenburg zur Anwendung.

§. 28.

Soweit nach den bestehenden Vorschriften für die Festsetzung von Stempelstrafen gegen Beamte eine Justizbehörde als vorgesetzte Dienst- oder Disziplinarbehörde zuständig ist, geht diese Zuständigkeit auf den Präsidenten des Landgerichts über.

Ueber den Rekurs entscheidet unmittelbar der Justizminister.

§. 29.

Die Bestimmungen dieses Gesetzes finden auch auf die vor dem Inkrafttreten desselben anhängig gewordenen Angelegenheiten Anwendung.

§. 30.

Dieses Gesetz tritt gleichzeitig mit dem Deutschen Gerichtsverfassungsgesetz in Kraft.

Urkundlich unter Unserer Höchsteigenhändigen Unterschrift und beigedrucktem Königlichen Insiegel.

Gegeben Berlin, den 9. April 1879.

(L. S.) **Wilhelm.**

Gr. zu Stolberg. Leonhardt. Falk. v. Kameke.
Friedenthal. v. Bülow. Hofmann.
Gr. zu Eulenburg. Maybach. Hobrecht.

Sachregister.

Sachregister.

Die römischen Zahlen bedeuten das Gesetz, die anderen Zahlen die Paragraphen.

A.

B.

D.

E.

F.

G.

H.

J.

L.

M.

N.

O.

P.

R.

V.

W.